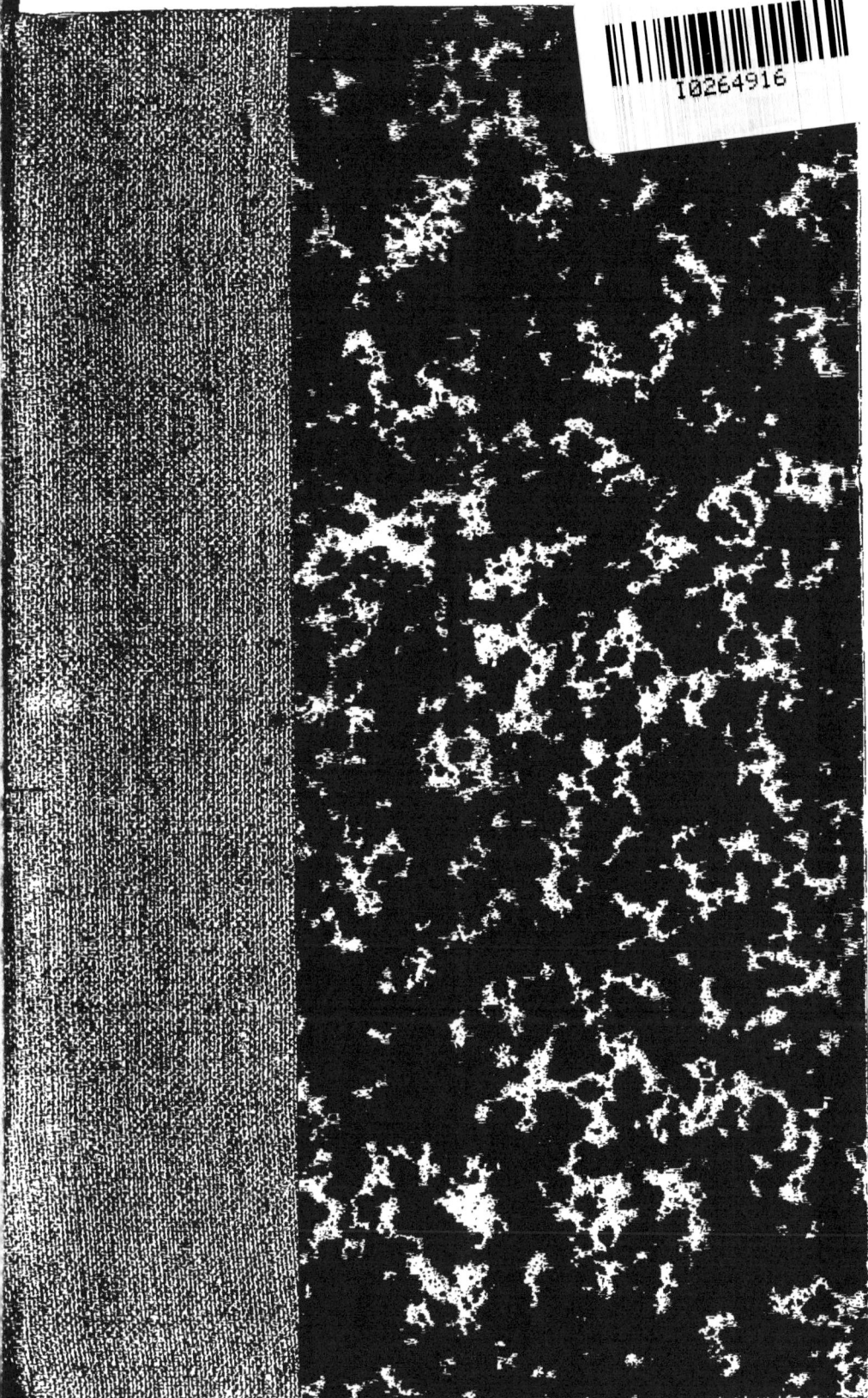

L'ABBÉ BOURBONNE

AUMONIER

DU PREMIER MONASTÈRE DE LA VISITATION DE PARIS

1834-1890

Par l'Abbé SÉMÉRAIRE

DEUXIÈME VICAIRE DE LA TRINITÉ

PARIS
VIC ET AMAT, LIBRAIRES-ÉDITEURS
11, RUE CASSETTE, 11
—
1892

L'ABBÉ BOURBONNE

L'ABBÉ BOURBONNE

AUMONIER

DU PREMIER MONASTÈRE DE LA VISITATION DE PARIS

1834-1890

Par l'Abbé SÉMÉRAIRE

DEUXIÈME VICAIRE DE LA TRINITÉ

PARIS
VIC ET AMAT, LIBRAIRES-ÉDITEURS
11, RUE CASSETTE, 11

—

1892

Tous droits réservés.

PREFACE

L'abbé Bourbonne avait à peine quitté la terre et déjà ses amis réclamaient, comme un pieux héritage, que le souvenir d'une vie si vertueuse leur fût conservé. Aux instances des amis s'ajoutaient celles de tant d'âmes formées et soutenues par sa direction : tous ceux qui l'avaient approché, pouvaient dire quelque chose à sa louange, mais revendiquaient le bonheur de connaître plus à fond celui qui avait gardé son secret avec un soin si jaloux.

En effet, l'abbé Bourbonne n'ambitionna que le regard de Dieu : tout jeune encore il résolut de ne jamais parler de lui. Sans des notes intimes, écrites par obéissance, le plus beau côté de sa vie nous eût totalement échappé.

Les documents qui nous sont parvenus permettaient d'établir l'ordre des faits; les écrits personnels montrent le travail de la grâce.

Ce livre est donc à la fois le récit d'un ministère et l'histoire d'une âme : le ministère est raconté par ses œuvres, l'âme est révélée par elle-même.

Trois phases principales de la vie de l'abbé Bourbonne ont naturellement amené la division de cet ouvrage.

La première partie (1834-1872) comprend l'enfance, le séminaire, la prêtrise. Nous y avons ajouté les premières années du sacerdoce à Gravigny et à Saint-Eustache.

La deuxième (1872-1881) montre le plein développement du ministère à la Visitation.

La troisième s'étend de 1881 à 1890, c'est la consommation de l'œuvre. Vers la fin, l'abbé Bourbonne se recueille, il tente l'effort suprême... l'apôtre aboutit au calvaire, il donne ses souffrances, son sang... mettant ainsi le sceau du sacrifice à un ministère plein de zèle et d'amour.

Plusieurs choses ici dépassent la voie commune ; mais en cédant aux sollicitations de sa conscience, en répondant aux appels de l'amour divin, dont il sentait la jalousie et les exigences, notre ami ne fut-il pas dans son chemin ? Dieu lui donna un cœur vaillant, capable de grandes résolutions.

Un autre plus digne et plus autorisé devait écrire la vie de l'abbé Bourbonne. On m'a ensuite demandé ce doux travail en souvenir de notre commune amitié.

Maintenant l'œuvre est achevée, je la soumets avec amour au jugement de notre Mère la sainte Église.

Puisse-t-elle consoler ceux qui pleurent encore un père, un ami! Puisse-t-elle apporter à plusieurs un encouragement salutaire!

H. S.

En la fête du Très Saint Rosaire,
4 Octobre 1891.

PREMIÈRE PARTIE

LA FORMATION. — 1834-1872

CHAPITRE PREMIER

Passy. — Luxeuil.

Naissance. — Première enfance. — Le petit séminaire de Luxeuil.
1834-1849.

Ange-Marie-Joseph Bourbonne naquit à Paris, en 1834, le 21 juin, « le jour même de la fête de saint Louis de Gonzague, dont il devait reproduire plus d'un trait ». Il fut ondoyé au domicile paternel, rue Montmartre, 15, le 1er juillet. Les cérémonies du baptême furent suppléées le 2 août, en l'église Saint-Eustache.

Ses parents étaient distingués. Son père, Auguste-Charles-Marie Bourbonne, avocat, originaire de Bar-sur-Seine, appartenait à une honorable famille qui avait toujours porté le titre de noblesse jusqu'à la Révolution. Sa mère, Thérèse-Vincent d'Equevilley, noble encore, était de la Franche-Comté, où sa famille avait ses propriétés patrimoniales à Jussey. Les deux époux virent leur situation, d'abord heureuse, modifiée par de brusques revers de fortune, et la jeune mère, à laquelle tout avait souri à l'époque de son mariage, fut réduite à se servir elle-même et à pourvoir aux soins de sa maison.

Quatre enfants naquirent de cette union. Ange fut l'aîné. Il dut à la noblesse de son origine la distinction naturelle qui ne se démentit jamais en lui : les épreuves de ses parents le marquèrent déjà du sceau de la croix ; la vertu, dans la personne de sa mère, entoura son berceau et fut sa première école.

Il eut, en effet, la grâce inappréciable de faire ses premiers pas sous la conduite d'une mère tendre et dévouée.

Ame généreuse et droite, Mme Bourbonne n'hésitait jamais devant le devoir ; le malheur élevait son courage ; quand Dieu lui enleva plus tard, par la mort, un de ses enfants, son fils Victor, elle ne cessa de bénir le nom du Seigneur, et son langage, jusque dans l'expansion de la douleur, fut toujours empreint d'une parfaite résignation. Elle priait sans cesse : à Jussey elle faisait une demi-heure de chemin pour aller entendre la messe tous les jours, malgré l'hiver, malgré l'inondation de la Saône.

Elle fut à la hauteur de sa tâche de mère. Elle comprit que sa mission était de former des âmes et de les donner à Dieu. Après ses revers, son mari s'était retiré à Passy, et avait son cabinet de consultation, Grande Rue, 7. Pour elle, toute à sa maison et à sa jeune famille, elle n'avait qu'un souci, l'éducation de ses chers enfants. Elle envoya ses deux fils, Ange et Auguste, suivre la classe, comme externes, dans une institution située rue Basse, dirigée par M. Meslin et qui jouissait d'une bonne renommée.

Dieu l'aida dans ses généreux efforts! Il mit sur son chemin M. l'abbé Simon, alors vicaire à Passy, qui fut pour elle un messager du ciel et un sage conseiller. Ange trouva plus tard en lui un protecteur et un ami.

Vraie mère, elle ne se contentait pas de faire instruire ses enfants, ni même de les envoyer à leur confesseur. Chers enfants! elle les avait voués à la Reine du ciel dès leur naissance; elle les avait toujours dans son cœur, elle portait leurs âmes devant Dieu. Elle redoutait les moindres fautes pour eux et leur inspirait, selon le précepte du Saint-Esprit, la haine de tout mal : « Fuyez le péché, comme on fuit à la vue du serpent. » Elle leur apprit à étouffer le murmure, à vaincre la paresse, à accomplir tout devoir. Ainsi fit-elle éclore dans ces jeunes cœurs l'amour et le sacrifice. Sa parole, écho fidèle d'une conviction ardente, avait le don de communiquer la conviction aux autres. Une pieuse dame, qui habitait alors Passy, dans la même maison, assure n'avoir pas oublié les entretiens de Mme Bourbonne, et ajoute : « C'est elle surtout qui m'a fait comprendre le mal du péché, craindre l'enfer, et qui m'a donné la première idée de la dévotion aux âmes du purgatoire... Je la vois encore consolant ma chère Maria, prise de douleurs, au commencement de ses vacances, et lui disant que le bon Dieu lui avait donné là une belle occasion de lui offrir un sacrifice complet des joies qu'elle avait dû se promettre pour ce temps-là. »

Telle était l'œuvre de Mme Bourbonne. Elle prit un soin tout particulier de son Ange, parce qu'il était l'aîné et parce qu'elle avait le pressentiment de sa vocation. Sa fille Marie fut aussi l'objet de sa sollicitude. Une servante avait laissé tomber cette enfant, âgée seulement de quelques mois, d'une table où elle était assise, et la pauvre petite avait eu la jambe cassée. Sa pieuse mère, qui l'avait donnée à la sainte Vierge, eut alors la pensée de la vouer au bleu et au blanc. Elle priait spécialement pour cette enfant et elle l'offrait sans cesse à Dieu, pensant dans le secret de son cœur qu'elle aussi lui appartiendrait uniquement.

✠

En 1845 Ange atteignait sa onzième année. Il était temps de pourvoir à ses études. — Quel parti prendre? Les circonstances l'indiquèrent. Mme Bourbonne était de Jussey, elle y allait souvent. Or, à quelques lieues de Jussey se trouve Luxeuil et son petit séminaire, qui comptait alors deux cent cinquante élèves et qui était apprécié au loin, sous le double rapport des études et de la piété. Le choix de cette maison était une solution naturelle, facile, avantageuse.

Ange et son frère Auguste entrèrent donc au petit séminaire de Luxeuil, au mois de novembre 1845. Ils n'avaient pas encore fait leur première communion. Ange la fit quelques mois plus tard, en 1846. Un de ses amis a révélé le secret de ce beau jour. « La ferveur et la tendre piété qu'il montra dans cette première rencontre de son âme avec le divin Sauveur, décidèrent, nous le savons, de sa vie tout entière. » En se donnant à lui pour la première fois, Jésus lui fit connaître qu'il l'avait choisi.

Le temps passé à Luxeuil n'a cependant présenté rien de remarquable jusqu'à la rhétorique. En cinquième, Ange demandait à un de ses camarades, au sortir de la messe (on y assistait tous les jours), s'il ne trouvait pas bien ennuyeux d'entendre la messe si souvent; il lui disait qu'il ne savait pas comment s'y occuper. Bon élève, il suivait bien la classe, sans être dans les premiers. D'une nature vive, alerte, ardent aux jeux, il y avait beaucoup de succès. Les maîtres d'étude, qui aiment le calme, l'auraient volontiers désiré un peu moins pétulant.

Toutefois cette vivacité n'avait rien qui le distinguât de bien d'autres. Si quelque élève avait dans sa tenue ou dans son langage un défaut par trop choquant, il savait trouver le mot propre pour le caractériser; il en riait volontiers avec ses camarades; mais jamais il n'y avait chez lui une intention blessante. Aussi quand l'occasion de s'égayer manquait, savait-il, au besoin, la provoquer. Un jour, l'étude lui semblait mortellement longue; l'envie lui vient d'aller prendre l'air. Notre écolier ouvre son pupitre, s'abrite derrière le couvercle, passe un pinceau sur une tablette de carmin, et se barbouille bien le nez, sous lequel il tient de la main un mouchoir blanc. L'hémorragie était admise, comme partout, pour un cas de force majeure. Ange sort donc rapidement et, sans avoir à demander de permission, il prend tout son temps au jardin, puis avec un grand sérieux revient à sa place.

Ces quelques traits, rapportés par les anciens condisciples d'Ange, résument tout ce qu'on a remarqué pendant les années qu'il a passées à Luxeuil jusqu'à sa rhétorique.

Mais Dieu, père de chacun, « opère toujours ». Il nous enveloppe au dehors, il nous saisit au dedans, et son action intérieure demeure invisible tant que rien de sensible ne la manifeste. L'homme qui vit à côté de nous ne la discerne pas ! Nous pouvons même la subir et l'ignorer longtemps. Quand, par un souffle passager, elle nous effleure, elle est pour nous comme un éclair rapide et nous ne faisons guère que la pressentir. Il plaît à Dieu de respecter la liberté qu'il a donnée à l'homme et d'agir en lui avec suavité, pour le préparer de loin à l'accomplissement de ses desseins.

Ange avait déjà reçu beaucoup. Une mère vertueuse, l'amitié de M. l'abbé Simon, le pieux asile de Luxeuil, la grâce de la vocation : voilà ce que l'œil de l'homme eût pu constater.

Mais Dieu allait bientôt lui découvrir la voie étroite; il prépara secrètement son âme; il affermit sa foi par une solide instruction religieuse; il mit sa volonté en branle dans deux retraites successives; enfin, il lui donna un cœur tout rempli de piété filiale.

CHAPITRE DEUXIÈME

Heureux pronostics.

Les conférences de l'abbé Boisson. — Retraites de 1850.
Piété filiale.

Dieu épouse les âmes dans la foi. C'est par la foi qu'il se révèle à nous et c'est par elle que nous entrons en rapport avec lui. « La vie éternelle, dit saint Jean, consiste dans la connaissance du vrai Dieu et de Celui qu'il a envoyé, Jésus-Christ. » D'ailleurs, « sans la foi, il est impossible de plaire à Dieu ». (Hebr. XII.)

Dieu nous la donne d'abord : il la répand dans l'âme du nouveau baptisé. Mais quand l'enfant a l'usage de la raison, il ne saurait la garder sans la connaissance de la doctrine chrétienne. Il n'y a, pour l'homme, qu'une science d'une nécessité absolue et d'une conséquence infinie, c'est la connaissance de la foi catholique. Au nom du droit naturel, au nom du droit divin et humain, le pasteur est tenu de l'enseigner ; le premier devoir de l'enfant et du jeune homme est de l'acquérir. Il doit d'abord en apprendre la lettre, c'est-à-dire l'énoncé authentique des vérités qui la composent. Mais cette étude ne s'arrête pas là ; il y a encore à asseoir une conviction inébranlable sur le fait de la révélation divine et sur la réalité des mystères par lesquels Dieu a daigné se mettre en rapport avec nous. Il faut enfin quelque chose de plus pour sanctifier l'homme. « C'est la vertu de foi qui sauve : le chrétien croit parce qu'il veut croire, parce qu'il est humble devant Dieu ; parce qu'il sait que Dieu communique sa lumière aux cœurs simples et que la foi de l'esprit demeure stérile si elle n'est pas plus encore la foi du cœur (1). »

✠

Ange eut cette grâce. Dieu lui donna une foi vive, ardente. Parmi les maîtres qu'il eut à Luxeuil, un surtout lui fut cher, M. l'abbé Boisson, à qui sa mère l'avait spécialement recommandé. Ce digne prêtre, aussi instruit que modeste, d'une vertu reconnue, édifiait les professeurs et les élèves par la régularité de sa vie. Homme de conseil, il fut pour Ange un directeur éclairé. Mais il lui rendit un autre service que son humilité cacha sans doute à ses propres regards. On l'avait chargé de faire

---

1. Dom Guéranger. *Instit. monast.*, ch. IV.

des conférences religieuses et il y mettait tous ses soins ; il s'efforçait surtout de convaincre les esprits, de toucher les cœurs. Ces conférences ne formaient rien moins qu'un cours complet, élevé et substantiel de doctrine chrétienne. Ange, mû par un aimant secret, les suivit avec une véritable avidité. Ne faisant rien à demi, il tint à les écrire pour se les mieux approprier.

Ainsi se fit en lui une douce et mystérieuse incubation, la vérité le pénétrait comme à son insu et l'envahissait peu à peu. Si le soleil fait germer et fleurir la plante exposée à son action, que ne fait pas la vérité, quand elle rencontre une âme pure et pleine de désirs?

On a conservé de notre studieux élève deux cahiers bien rédigés. Le premier porte la date de 1849. Quelques textes glanés çà et là permettront aux lecteurs d'assister aux premiers efforts de celui qui leur fut cher.

Sur la grandeur des premiers saints. « La faiblesse de l'humanité disparaît devant la force de la grâce. Les grands hommes du paganisme ne recherchaient point la gloire avec plus d'ardeur que les saints la confusion, l'humilité... Pourquoi ces actes héroïques des Antoine, des Siméon ? — Pour faire contraster le sensualisme, le sybaritisme, poussés jusqu'à leurs dernières limites, avec cette mortification poussée aussi à l'excès. Dieu atteignit son but comme pour tout le reste de ses œuvres, et du haut de sa colonne Siméon convertit plus d'hommes qu'un missionnaire. Quel plaisir de pratiquer la religion quand on la voit défendue par de si grands génies !...

« Avant d'être confesseurs et martyrs, ils ont été de grands hommes. »

Sur les protestants. « Il y a eu des hommes distingués qui, professant le protestantime, ne se sont pas rendus à la vérité dès qu'ils l'ont vue. Cela prouve que la religion ne vient pas seulement de l'esprit, mais du cœur. Peut-être aussi y avait-il, dans le clergé, des abus qui les offensaient. Si le clergé se conduisait comme il doit le faire, beaucoup des objections des protestants tomberaient de suite. »

Sur les esprits forts. « Les satisfactions des sens et les études matérielles rendent les esprits forts impropres aux études religieuses et obscurcissent leurs lumières. »

Au sujet des incrédules. « Les passions troublent leur jugement, le cœur leur fait mal à la tête..., ils croient non les obscurités mais les absurdités. »

Sur les mystères. « Les mystères ont pour avantage de faire sentir à l'homme sa misère et de le forcer à s'élever à Dieu. L'homme lui offre l'hommage de son cœur par l'amour, de son esprit par la soumission, de ses sens par la mortification. »

L'Incarnation. « Le Fils du Très-Haut, en devenant le fils de l'homme, apprendra à ce dernier à s'élever avec dignité sans orgueil, et à s'abaisser avec humilité sans bassesse. »

La Rédemption. « Qui ne se sent disposé à aimer Dieu de tout son cœur, en voyant que Dieu l'a aimé jusqu'à terminer sur un infâme gibet une vie pleine d'opprobres et d'humiliations ? Quand nous sommes aimés par un de nos semblables, par un enfant, cela nous fait déjà bien plaisir ; mais quand c'est un Dieu si saint, si aimable, si bon qui nous aime et qui nous donne de si grandes marques de son amour, que ne devrions-nous pas faire pour lui témoigner le nôtre ? C'est le motif le plus puissant pour nous faire aimer Dieu. Dieu, tout Dieu qu'il est, ne pouvait rien faire de plus grand. Si la vie d'un seul homme vaut le sang d'un Dieu, cet Etre si aimable, combien ne devons-nous pas aimer nos frères ! »

La mort. « Qu'elle est douce la mort des

chrétiens fidèles ! Oui, c'est le soir d'un beau jour et l'aurore d'un plus beau jour encore. »

Effets de la communion. « De même que d'une seule parole Notre-Seigneur apaisa une furieuse tempête qui s'était élevée sur le lac de Génésareth ; de même la communion bien reçue apaise dans notre cœur la tempête de nos passions. Elle nous communique un peu de son immutabilité. »

Un second cahier traite de Dieu, de la sainte Trinité, des perfections et des œuvres divines : il est écrit avec distinction ; c'est plus que le travail d'un écolier studieux : pour Ange, c'est le commencement de la vie spirituelle : il s'élève, il s'oriente vers les choses célestes.

✠

De si heureux débuts ne demandaient-ils pas leur développement ? N'est-ce pas pour en venir à ses fins que Dieu commence avec nous ? et le progrès n'est-il pas la loi de la vie ? Une grâce est le prélude d'une autre grâce ; les premiers efforts d'une âme sont le principe de nouveaux efforts. Celui, surtout, que Dieu veut s'unir plus étroitement, il l'attire toujours davantage. « Je l'attirerai, je le conduirai dans la solitude et je parlerai à son cœur. »

La retraite est le rendez-vous où un Dieu, Créateur, Père, Sauveur, Ami, Epoux, appelle un enfant, un ami, une épouse... C'est par excellence l'heure des grâces comme c'est pour l'homme le temps des exercices; car c'est alors que l'homme médite, prie, rentre en lui-même, redresse ses voies, corrige ses défauts, embrasse la vertu, prend des résolutions viriles.

Un prédicateur venait chaque année prêcher la retraite au petit séminaire de Luxeuil. Ange, déjà séduit par la vérité « qu'il conservait au fond de son cœur », pouvait désormais mieux apprécier l'importance des exercices : la faim et la soif de la justice allumèrent en lui des désirs véhéments. L'écolier qui avait rédigé avec tant d'ardeur les conférences de l'abbé Boisson, écrivit aussi les résumés des retraites. Ce n'est pas assez dire, il fit plus que des résumés; et l'on peut voir, à travers les lignes écrites par sa main, les impressions qu'il ressentait et les vigoureuses déterminations d'une âme gagnée au service de Dieu.

La première retraite fut prêchée par le R. P. Gloriot, jésuite. Les exercices commencèrent le 5 mai. Voici quelques extraits de ses notes.

Entrée en retraite. « Pour retirer de la retraite tous les fruits qu'on en peut tirer, il faut, et j'ajoute indispensablement, être dans le recueillement et comme replié au dedans de son âme. »

Fin de l'homme. « Tout ce que nous ne faisons pas pour Dieu, c'est un vol que nous lui faisons. Nous lui rendrons compte de toutes nos pensées de toutes nos paroles inutiles... quelle pensée... quel compte !... »

Piété. « C'est la justice envers Dieu. L'âme du jeune homme pieux est un sanctuaire où se livrent des combats presque continuels entre Jésus-Christ et Satan ; mais ces combats ne paraissent pas au dehors. Le jeune homme vraiment pieux porte dans son cœur le germe de la vraie politesse, dans le désir ardent et la volonté d'aider son prochain.

« Pour s'assurer de la contrition, il faut se demander si on a le ferme propos. La confession fréquente est très utile pour avancer dans le bien. »

Dévotion à Marie. « Le caractère d'une mère, c'est la bonté, la clémence, la miséricorde. Dans la famille, quand l'enfant a commis quelque faute, quand il a dans le cœur quelque pensée qui le tourmente, c'est à sa mère qu'il recourt ; il se jette entre ses bras et il obtient son pardon. »

Enfer. « Par qui sont-elles maudites ces âmes malheureuses ? Par vous, ô mon Dieu ! Quelle malédiction ! C'est dans les flammes allumées par votre colère et votre justice qu'elles brûlent éternellement !... »

Confiance... Sacrifice... Règle... « Le sacrifice de cette parole enchaînée sur vos lèvres est un fleuron ajouté à votre couronne. Croyez-vous que ce n'est rien d'amasser un mérite de plus pour le ciel ? Les forts, ceux qui savent faire des sacrifices, ceux-là seuls le gagneront. »

« Ne laissez passer aucune difficulté que vous n'en ayez triomphé. »

Conclusion. « Hésiterons-nous un seul instant sur le parti que nous avons à prendre ? Partout, dans tous les temps Jésus-Christ a triomphé. »

« Point de découragement. Contre lui, lutter, se relever, prier. Autant de fois on repousse une distraction, autant d'actes d'amour, puisque chaque fois on préfère Dieu à la distraction. »

Une deuxième retraite fut prêchée la même année par le R. P. Ecuet, jésuite. Le cahier de notes porte la date du 1er décembre 1850.

Entrée. « Il faut que je sois recueilli : ce que Dieu demande de moi, c'est la bonne volonté et de ne pas mettre autrement obstacle à la grâce. »

Fin de l'homme. « Je suis de Dieu, je dois donc être tout à Lui. Il m'a créé pour le servir en ce monde. Je dois faire sa volonté et je la ferai en faisant celle de mes supérieurs et de mes parents (conformément à sa sainte volonté). »

« Qu'est-ce que le monde peut donner auprès du bonheur éternel que Dieu promet à ses serviteurs ? »

L'unique nécessaire. « Si cela n'était pas important, Dieu eût-il donné son Fils pour le salut des âmes ? Le salut est une affaire unique, personnelle, difficile mais possible. Si c'est une nécessité, ce n'est pas une impossibilité. »

Bon usage des créatures. « Nous devons les envisager comme moyen et non comme fin. L'homme qui cherche le bonheur dans les créatures n'y trouve que le remords... châtiment divin infligé dès ce monde. C'est par la contemplation qu'on peut atteindre, par les créatures, le but que le Créateur s'est proposé..., si toutefois on sait lire dans ce beau livre de la nature. Presque tous les péchés proviennent de l'abus des créatures. »

Le joug de Jésus-Christ. « Eh! si nous ne portions pas le joug du Sauveur, il faudrait porter le joug de Satan! Portez le joug divin pour Dieu, pour vous, pour vos parents, pour la patrie! »

Le péché. « Que je suis coupable d'avoir péché si souvent et au milieu de tant de grâces! J'étais entouré des meilleurs exemples, de ma bonne mère, d'un frère, d'une sœur, d'un ami; j'étais assisté des conseils de mon zélé directeur. N'importe! bravant la miséricorde de Dieu, j'ai traversé tout cela pour aller provoquer Dieu en face... »

Péché d'Adam. « Quoi! un seul péché et tant de vengeance! et c'est la bonté qui punit! et Dieu laisse entraîner sa victime au fond des enfers!...

« Ne devrions-nous pas conclure que le péché est un mal incompréhensible? Il fallut pour l'expier la mort d'un Dieu! Après cela voudrais-je encore vous offenser, ô Dieu puissant! Vous trahirais-je encore! Si je ne suis pas comme tant d'autres au fond des abîmes, c'est, ô mon Dieu, parce que vous avez eu pour moi une plus grande miséricorde... ne dois-je pas vous en témoigner ma reconnaissance? Ah! donnez-moi la force de ne pas vous offenser mortellement! »

L'enfer. « Des tourments! est-ce là tout, grand Dieu? c'est déjà trop; mais ce n'est pas assez! Le plus grand supplice des damnés c'est d'être privés de Dieu qui devait être leur bonheur, et qu'ils sont forcés de poursuivre de leur haine inutile et éternelle. »

Conclusion. « Tout à Dieu, tout à Satan : il n'y a pas de milieu. Quoi! j'irais servir sous l'étendard de mon plus cruel ennemi? J'abandonnerais ce doux Jésus qui, non content de donner une fois sa vie pour moi, la reprend pour me la donner encore dans son sacrement d'amour? »

Prix du temps. « Rien de plus précieux et de moins apprécié! Il a fallu la mort d'un Dieu pour le racheter. Consentirais-je encore à le perdre? »

☨

Il est impossible de ne pas voir dans ces quelques extraits le travail d'une âme sous l'action de la grâce. Qui ne remarquerait les réflexions touchantes que fit Ange sur le péché? On le voit aussi, la vérité fondamentale, la fin dernière a frappé son esprit. Désormais il veut tourner toutes ses affections vers Dieu et le servir sans partage. Le dilemme : tout ou rien, servir Dieu ou servir Satan, ce dilemme qui sera la devise de toute sa vie, et plus tard le thème de sa prédication, est déjà en lui à l'état de conviction exclusive et absolue.

Ce n'est pas encore le grand coup de la grâce, mais l'œuvre de Dieu avance, elle est sensible, elle va se manifester dès cette époque par une vertu qui prendra bientôt de grandes proportions.

L'obéissance est la condition première de toute éducation. « Le chemin de la vie n'exige pas beaucoup de savantes combinaisons et d'agitation, il demande moins de science que de renoncement à sa volonté propre (1). » Aimer et obéir c'est, au fond, toute la science du chrétien.

Au reste, c'est le précepte de Dieu : « Honore ton père et ta mère. — Obéissez à vos supérieurs et soyez-leur soumis. » (Hébr. XIII, 17.)

Aux yeux de Dieu, « l'obéissance est meilleure que le sacrifice. » (Rois, XV, 22.) Honorer celui qui représente Dieu auprès de nous,

---

1. St Jean de la Croix. *Maximes : Obéissance.*

c'est honorer Dieu lui-même ; et c'est, en même temps, lui faire l'hommage le plus complet de notre volonté. Heureux l'enfant qui a le cœur docile et respectueux ! il est déjà le juste qui marche par les voies droites et l'esprit de Dieu repose sur lui.

Parmi les vertus qui abondèrent dans le cœur de saint Bernard enfant, il y en eut une qui surpassait toutes les autres : c'était sa piété filiale. Il en fut ainsi pour Ange. De bonne heure, on le vit plein de respect et de soumission pour ses parents. Il eut pour sa mère, en particulier, un véritable culte : il ne faisait rien sans la consulter. A cent lieues de distance il recevait sa direction pour les moindres détails.

Etant encore enfant (il faisait alors sa cinquième), il avait contracté, avec un de ses condisciples, une amitié que le temps rendit plus étroite encore. Voulant la cimenter par quelque gage, il venait, chaque dimanche, avant le goûter, lui apporter une part de chocolat égale à la sienne et, pour lever tout scrupule, il avait soin de lui dire : Maman le sait, j'ai sa permission. Il n'eût pas voulu donner un morceau de chocolat à l'insu de sa mère ! Il allait plus loin : au lieu de craindre son contrôle, il l'appréciait à son juste prix ; sa surveillance même lui était chère.

Cet ami l'invita plus tard à passer les vacances de Pâques dans sa famille. Ange lui répondit par une lettre du 26 mars 1851 : « J'éprouve le besoin de te remercier de l'offre gracieuse que tu me fais de passer mes vacances chez tes bons parents. Si nous restons souvent à Pâques au séminaire, ce n'est pas que nous ne puissions aller à Jussey, c'est que notre chère maman aime mieux que nous passions nos vacances ici que de les passer loin d'elle, loin de sa surveillance. Ainsi comme sa santé lui permet (si toutefois, comme je l'espère, elle continue à être bonne) de venir à Jussey, nous aurons cette année le bonheur d'aller les y passer auprès d'elle. J'attends cet heureux temps avec une impatience impossible à décrire. »

Celui qui parle ainsi est assurément un bon fils. La grâce de Dieu a fait germer en lui un fruit céleste. Quand un jeune homme obéit à ses parents en vue d'obéir à Dieu lui-même, quand il apporte l'adhésion de sa volonté et la soumission de son jugement, alors il s'approche de Dieu. Armé contre le péché, contre l'orgueil et la volonté propre, il remportera mille victoires : sa vie deviendra simple, son âme sera dans la paix, elle connaîtra toujours davantage que « servir Dieu c'est régner ».

CHAPITRE TROISIÈME

Le coup de la grâce.

Retraite 1852. — Ses résultats. — Transformation.
Succès dans les études. — Besoin d'apostolat.

Ne semble-t-il pas que le désir ardent de la perfection devrait être commun parmi les enfants de Dieu? Le chrétien, revêtu du Christ, nourri de sa chair et de son sang, vivant de son esprit, n'est-il pas un autre Christ? Le sublime sacerdoce de Jésus-Christ n'impose-t-il pas au ministre qui en exerce les fonctions d'être le sel de la terre et la lumière du monde? L'état religieux, qui est dans l'Eglise une école de perfection, ne donne-t-il pas à ses membres, dans les vœux et les règles, un moyen assuré d'y parvenir?

Cependant, qu'un homme rompe ouvertement avec l'esprit du monde, qu'il soit vraiment surnaturel, qu'il élève à une certaine hauteur dans sa vie la mortification, la prière, la vertu, il commande l'attention; il devient, lui aussi, un spectacle montré aux anges et aux hommes.

Nous voyons là une œuvre éminente de Dieu : car si le Père de famille distribue d'une manière inégale les talents, s'il y a une mesure dans les dons du Christ, si c'est Dieu qui donne de vouloir et de faire, nous disons : Dieu seul a donné une telle puissance aux hommes.

Nous y voyons aussi, chez l'homme, l'œuvre d'un grand courage. Combien peu se donnent sans partage et sans retour ! Combien de révolutions éphémères... combien de projets avortés ! la vie reste sur son point de départ : elle va sur la ligne qu'on lui a tracée. Il n'appartient qu'aux âmes magnanimes d'entreprendre résolument et d'une manière définitive de marcher dans la voie des saints.

Ange fut de ces privilégiés. Un jour, Dieu le visita par un coup de sa grâce : il mit dans son cœur, avec le courage et la confiance, cette résolution : *Je veux être un saint!* Ce fut dans la retraite qui eut lieu à Luxeuil en février 1852. Quelques notes écrites de sa main vont nous le révéler.

☩

Recueillement : « Le Seigneur n'est pas dans le bruit. En récréation il faut jouer, pour que l'esprit s'étant reposé, on puisse se livrer à la méditation avec plus de fruit. Bonne volonté ; désir de bien faire la retraite ; le demander à Dieu *ès tous moments.* »

Générosité. « Il faut pousser, coûte que coûte, l'ennemi dans les reins, jusqu'à ce qu'on l'ait enfoncé. »

Grande confiance. « Avec Jésus nous braverons l'enfer. Notre bonne Mère, du haut du ciel, a les yeux fixés sur nous ; elle nous regarde tous en particulier ; elle attend que nous lui demandions son secours... C'est à la fin d'une retraite qu'on voit surgir les vocations, qu'on prend une généreuse détermination.., qu'on brise les charmes d'une mauvaise habitude... Quelles conséquences une retraite peut avoir ! »

Fin de l'homme. « Nous sommes la propriété de Dieu pour jamais ; par amour pour notre bonheur éternel, ou par force et pour notre malheur éternel. »

La confession. « Le scrupule est la plus grande des épreuves que le Seigneur puisse envoyer ; il est souvent la punition de l'orgueil. — Que ce calice s'éloigne de moi, s'il se peut ! — Comment et en quels termes nous confesserions-nous, si nous paraissions au tribunal du Juge divin pour le faire ? »

Les effets du péché. « *Tantulus puer et tantus peccator...* Si jeune, déjà si grand pécheur ! — Voudrions-nous enfoncer dans le cœur qui nous aime tant, le glaive le plus cruel qui puisse le déchirer ? Allons à Dieu avec une confiance fidèle, mais non présomptueuse. Autrement nous changerions le remède en poison ; nous puiserions la mort dans la source de la vie. »

Les tentations. « Elles sont utiles pour nous faire amasser des mérites, pour nous connaître nous-mêmes et nous donner de l'expérience... Disons à l'ennemi : Ou tu peux quelque chose, ou tu ne peux rien. Si tu ne peux rien, tu as beau faire : quand tu déchaînerais contre moi tous les escadrons de l'enfer, je te braverais : je te méprise. Ma grâce te suffit, me dit Dieu... »

Tendre amour : dévotion filiale envers la sainte Vierge. « Jetons-nous entre ses bras et elle nous pressera sur son cœur. Elle a écrasé la tête du serpent : elle aura bien aussi la force de repousser notre ennemi... Le chrétien tenté et qui résiste est semblable à cet ermite qui avait juré de ne plus manger de sucre et à qui certains jeunes gens farceurs en mettaient, par violence, dans la bouche ; il n'était pas infidèle à son serment. »

La mort. « Sac d'orgueil, attends encore un instant et tu ne seras bientôt qu'un amas de pourriture... Souviens-toi de tes fins dernières... »

L'élève sage. « Quel écolier veux-je être? Mon parti est bien pris. Je dois donc : 1° Éviter les amitiés naturelles (le cœur de ces amis-là est comme une pelote de beurre). Si on remplit son cœur d'amitiés étrangères, il n'y aura plus de place pour l'amitié de Dieu... *« Væ soli!* « — *numquam duo!* » — « Fuir cette manie de rêver à la belle nature. — 2° Bien jouer : ne me promener que le moins possible, lutter d'ardeur. En jouant on fait la volonté de Dieu aussi bien qu'en faisant toutes les autres actions de la journée. Si vous voulez être des saints, amusez-vous bien en récréation : c'est une condition de sainteté. En récréation donc, jouer beaucoup; mais en étude, en classe, être tout au travail : car on doit travailler de toutes ses forces pour être plus tard en état de remplir la vocation à laquelle Dieu nous destine. Il nous demandera compte du talent qu'il nous a confié. »

L'enfer. « Je dois tout sacrifier pour sauver mon âme... mon âme et rien que mon âme !... Pourrai-je encore faire attention aux autres..., à ce qu'ils penseront? Il y a en enfer des enfants qui ont bien moins offensé le bon Dieu que moi... et cependant je vis encore, je puis encore faire pénitence. Il faut donc que le bon Dieu soit bien bon pour moi!.. Puis-je encore abuser de sa bonté?... Un jour j'ai médité sur l'éternité des peines ; j'ai compris que l'enfer n'est pas pour moi... j'ai entrevu dans le ciel un trône et une couronne pour moi... O Seigneur Jésus! si votre amour ne suffit pas pour me détourner du mal, remplissez tellement mon esprit, punissez-moi tellement en ce monde que je ne puisse plus jamais vous offenser mortellement! »

Pensées pieuses

« Jésus étant, Marie priant, tout est possible. La prière demande : la persévérance obtient. »

« Il n'y a rien de petit pour le bon Dieu quand on a une intention droite. »

« J'ai été touché de ces grandes vérités pendant la retraite. Elles n'ont pas changé, pourquoi changerais-je? Servir Dieu en ce monde pour le posséder dans l'autre, ou subir le joug du démon en ce monde et brûler dans l'autre éternellement. Pas de milieu. »

Moyens de persévérance. « Prière, fréquentation des sacrements; tendre dévotion à Marie. »

« Il faut que je sois très sage ou je serai très mauvais. Si je ne suis pas solidement établi dans la piété cette année, je suis perdu. »

« Si vous voulez être des saints, amusez-vous bien en récréation. »

« Je ne dois plus revenir sur mes confessions depuis la retraite 1852. » — 15 février 1852.

Voilà le mot de la grâce et la réponse d'Ange aux sollicitations divines.

Avant tout, il veut : son parti est pris, une résolution sans retour est arrêtée. Vouloir, vouloir, encore vouloir, c'est la première condition et le grand moyen quand il s'agit d'entrer dans la voie des saints... L'enfer n'est plus pour lui! sa part c'est un trône, une couronne dans le ciel. Sa résolution est d'acquérir une grande sagesse, une solide piété, mais tout de suite, cette année même : autrement tout serait perdu. Bref il sera saint malgré toutes les difficultés de l'entreprise, malgré les misères du temps.

« La perfection ne consiste pas dans tel ou tel acte extraordinaire que nous lisons dans la vie des saints et qui semblerait au-dessus de nos forces ; ce n'est pas à cause de ces actes que les saints ont été saints, mais bien à cause de leur désir incessant de la sainteté, désir dont ces actes n'ont été que le produit et l'expression plus ou moins variés selon le genre de grâce qui était en eux (1). »

Ange eut à ce moment cette volonté et il ne la perdit jamais : au contraire elle s'accentua avec les années et ne fit que grandir. A partir de ce jour il la renouvela sans cesse, il la fit retentir dans ses entretiens et ses actes ; il la communiquait à ceux qui le voyaient et il était impossible de s'approcher de lui sans ressentir le désir de devenir meilleur.

Il mit sa résolution sous la garde de Marie. Ce fut là son second moyen. Marie est notre mère : elle prie et sa prière obtient tout. Consacré à elle dès l'enfance, il avait l'habitude d'y recourir. Il sentit qu'il faudrait désormais lui confier toutes choses et vivre bien près d'elle, comme un petit enfant que sa mère conduit par la main et réchauffe sur son cœur. La mère ne répond-elle pas à tous les besoins de l'enfant? Ange alla à Marie par besoin et par une foi très vive à sa maternité. La dévotion à

---

1. Dom Guéranger. *Instit. monast.*, ch. VIII.

Marie sera comme le fil conducteur de sa vie : il y trouvera la solution de tous les embarras et de toutes les épreuves. N'est-ce pas le sceau des élus et le signe des prédestinés?

Enfin, pour vouloir toujours, il faut espérer toujours. Une grande volonté ne se soutient qu'avec une espérance invincible. Mais quoi de plus disputé? Tout conspire, à notre insu, contre cette vertu... Ange avait dans le scrupule un adversaire redoutable, il comprit qu'il ne fallait pas se laisser fermer la voie dans laquelle il entrait si résolument : il déclara la guerre à cet ennemi et promit de ne plus revenir sur ses confessions.

Ainsi tout était clair et simple pour lui : il ne voulait qu'une chose, se donner à Dieu...

« Mon cœur est trop grand pour que le monde puisse le satisfaire... Après avoir communié, comment pourrais-je vivre pour le monde?... Je veux vivre pour vous témoigner mon amour, mourir pour jouir de vous, ô mon Dieu! Tout pour Dieu : rien contre Dieu. »

« Oh! que n'ai-je à vous offrir, pour vous témoigner ma reconnaissance, ô mon Jésus, tous les cœurs des chérubins et des séraphins! Mais je n'ai que le mien : tout pauvre, tout indigne qu'il est, vous le désirez. Je vous l'offre du moins tout entier, sans retour et sans partage : disposez-en, il vous appartient. Changez-le en un sanctuaire qui vous soit agréable. Dans ce temple qui vous est consacré, dressez-vous un autel ; immolez sur cet autel la victime de ma volonté ; enrichissez ce sanctuaire de toutes les vertus, ces pierres précieuses qui le rendront moins indigne de vous. Arrachez-en les mauvaises plantes qui pourraient y croître : coupez-les... — Enfermez-vous dans ce temple, Seigneur, avec votre sainte Mère ; rendez-le, de jour en jour, moins indigne de vos divins regards. Surtout ne permettez pas que le démon ose s'en approcher jamais.

« Dieu se donne tout à nous : est-ce trop que nous nous donnions tout à Lui ? Si vous voulez, ô mon Dieu, que je vous conserve ce cœur qui vous appartient, donnez-moi des armes pour le défendre contre l'ennemi. »

Cette prière est la conclusion définitive de la retraite de février 1852. A présent Ange est donné, il vivra en se donnant toujours.

✠

La retraite de rhétorique fut pour lui le chemin de Damas : une véritable conversion. On le vit prendre le règlement à la lettre et s'assujettir à ses moindres détails. Un de ses camarades fut vite dans le cas de le remarquer. « J'étais payé pour m'en souvenir. Il était mon voisin d'étude et, comme j'étais au bout d'une table, je fus condamné au silence perpétuel. J'étais obligé de me rabattre sur mon voisin de derrière (1). » Il sentit le besoin de se faire pardonner les peines qu'il croyait avoir causées. Un jour, au milieu d'une récréation, il prit à part un de ses condisciples et, du ton le plus humble et le plus affectueux, lui dit : « Veux-tu bien me pardonner toutes les peines que je t'ai faites ? » Son ami, tout confus, lui répondit : « Mais, mon cher ami, tu ne m'as jamais fait aucune peine, et quand tu m'en aurais fait, tout serait bien pardonné depuis longtemps (2). »

Il changea d'un seul coup et se montra tout d'abord tel qu'on le connut ensuite. Il parut transformé : la douceur, l'humilité, la piété, la charité, toutes les vertus brillaient à travers ses paroles et ses actes. Un maintien plein de dignité, une modestie angélique, le signalaient aux yeux de ses condisciples et de ses maîtres. On ne le vit plus se démentir.

A partir de ce moment il combattit résolument le vieil homme : Ne voulant plus « rêver

1. M. l'abbé Blanchar.
2. M. l'abbé Cointet.

à la belle nature », il tint le naturel pour suspect : désormais il le travaillera de telle sorte qu'il arrivera plus tard à le rendre méconnaissable et qu'il faudra l'approcher de bien près pour en surprendre les légères et dernières saillies.

En même temps la piété ouvrit ou développa en lui une surabondance de sentiments qui se manifestait dans le travail écrit, mais plus encore dans le débit oratoire. L'accent de sa parole distinguée reflétait la beauté de son âme. Dans un concours il remporta facilement le prix en déclamant un passage du panégyrique de Mgr Affre, par Mgr Cœur. Ce succès scolaire fit date au petit séminaire de Luxeuil. Ce jour-là, Ange sentit le feu sacré, il communiqua même son émotion : à quarante ans de distance, ses condisciples n'ont pas oublié son discours de rhétorique.

Pendant tout le cours de cette année, son travail fut ardent, facile et soutenu : il rédigea un cahier sur les éléments de la rhétorique. Il écrivit encore un recueil auquel il donna le titre de « Mélanges ou petite mosaïque de l'esprit et du cœur ».

Ce recueil comprend un tableau des principales époques de l'histoire; un tableau des dix persécutions ; des lettres destinées à servir de modèle dans tous les genres (lettres de reconnaissance, d'invitation, de condoléance, de recommandation) ; quelques pages sur l'éloquence de la chaire où on lit des pensées comme celles-ci : « Elevé entre le ciel et la terre, le prédicateur est le défenseur de tous les droits du Créateur et de tous les intérêts des créatures. Son ministère n'est pas un droit qu'il exerce, c'est un devoir sacré qu'il remplit... Dieu parle par sa bouche. Il faut que son éloquence parte du cœur, qu'il puise ses pensées et ses sentiments dans sa foi, son zèle, sa charité. S'il est dépourvu de cette intégrité de mœurs, la parole tombe sans force sur un cœur glacé. — Parler avec simplicité, avec gravité et dignité, avec onction. — Pour être éloquent, aimer et prier. »

Suivent quelques extraits de sermons. Enfin un dernier titre : « Passages, traits remarquables, maximes » :

« L'orateur sacré est un ange qui, à l'aide de l'échelle mystérieuse, entretient un commerce continuel entre le ciel et la terre. »

« La vie est un combat dont la palme est au ciel. Voudrions-nous être couronnés de roses sous un chef couronné d'épines ? »

« Puisque nous ne cessons de pécher, nous ne devons cesser de nous mortifier... de faire pénitence. »

« Nul n'aime à être trop dominé dans un entretien. »

« Le moyen le plus sûr de plaire est de faire paraître beaucoup les autres et de s'effacer beaucoup soi-même. »

« Celui-là vous quittera content de vous qui, en vous quittant, aura lieu d'être content de lui. »

« L'esprit qu'on veut avoir gâte celui qu'on a. »

« A vaincre sans péril on triomphe sans gloire. »

« Tu dors, Brutus, et Rome est dans les fers. »

« Soldats, souvenez-vous de Lodi! » (NAP.)

« *Veni, vidi, vici.* » (CÉSAR.)

« Ceux qui font des heureux sont les vrais conquérants. »

« Peu d'hommes consentent à vivre avec eux-mêmes. »

« Le tombeau n'a d'horreur que pour celui qui n'a pas d'espérance. »

« Notre premier pas dans la vie est un pas vers la mort. »

Le choix de ces divers passages nous fait connaître suffisamment les tendances, les désirs, les préférences du jeune rhétoricien. Il connut donc, lui aussi, malgré toutes les apparences contraires, les élans, l'exaltation, l'enthousiasme de la jeunesse, « l'amour sacré de la Patrie »; et si, dans la suite, il parut si éloigné de ce qui est seulement humain, il n'en vint là qu'après bien des épreuves, et au prix des plus grandes victoires remportées sur lui-même.

Un autre trait signala le changement subit qu'on vit en lui : ce fut un besoin d'affirmer et de défendre la vérité. Il ne pouvait entendre un mot tant soit peu contraire au bien qu'il poursuivait, sans le relever aussitôt. Il semblait qu'il lui fût impossible de se taire et il parlait avec chaleur. Déjà aussi, il faisait de l'apostolat et cherchait à inspirer aux autres les désirs dont il était rempli. « Il aurait voulu, dit son voisin d'étude, m'élever à sa hauteur, mais hélas! j'avais déjà beaucoup de peine à me taire, et c'était trop. » Dès ce moment, Ange ne parlait plus volontiers que des choses de Dieu. »

Ainsi s'acheva sa rhétorique : les derniers mois de cette année ne furent guère que le prolongement de sa retraite et la mise en pratique des résolutions qu'il y avait prises.

Au mois d'août il alla dans sa famille paternelle, à Bar-sur-Seine, pour y passer, comme de coutume, ses vacances. Là se trouvaient Mme Vve Bourbonne-Contenet, sa grand'mère; M. Charles-François Bourbonne, maire de Bar, son oncle; M. Ferlet-Bourbonne et ses deux fils, M. Paul Ferlet, ancien sous-préfet, et M. Jules Ferlet, ancien président du tribunal. Sa famille remarqua les progrès étonnants opérés dans son âme : il édifia tout son entourage par le soin qu'il prenait de faire pénétrer la pensée de Dieu dans tous les actes de sa vie : en toute occasion il manifestait la crainte du péché, il en repoussait jusqu'à l'apparence.

Pendant une soirée des vacances, accompagnant un de ses parents en promenade, il rencontra un gamin qui criait : « Allumettes à deux sous la boîte et sentant la rose après l'explosion ! » Ange s'arrêta, remit dix centimes au gamin et lui dit : « Je te donne deux sous, mais je ne veux pas de ta boîte d'allumettes; tu as tort de dire qu'elles sentent la rose après l'explosion, car cela n'est pas vrai, et tout ce qui n'est pas vrai offense le bon Dieu. »

Un prêtre [1] qui le vit à cette époque,

---

1. M. l'abbé Lagesse.

rend compte, en ces termes, de la conduite du jeune séminariste à Bar : « Je me fais un devoir de déclarer qu'il se faisait remarquer par son humilité, sa douceur, sa piété, sa modestie et son obéissance. Il faisait l'édification de la paroisse : M. l'abbé Prud, alors curé de Bar-sur-Seine, l'aimait et l'estimait beaucoup; toutes les personnes qui le connaissaient disaient qu'il portait dignement le prénom d'Ange, qui lui avait été donné au baptême. »

Après les vacances Ange revint à Paris : la grâce l'avait préparé; l'heure est venue pour lui de répondre à l'appel de Dieu.

CHAPITRE QUATRIÈME

La formation.

Issy. — Saint-Sulpice. — Prêtrise. — 1852-1857.

Dieu, en prédestinant ses élus, trace leurs voies de toute éternité. Tout homme est aimé de lui comme un enfant unique : car, « Il a façonné particulièrement le cœur de chacun » (Ps. XXXII 15), et devant lui chacun de nous a son nom.

S'il fixe à tous les êtres leur place dans le concert universel, il assigne leurs fonctions à tous les membres du corps mystique de Jésus-Christ. La vocation au sacerdoce surtout « dépend de Dieu seul, à qui seul il appartient de choisir ses ministres, c'est-à-dire ceux qu'il veut établir médiateurs entre Dieu et les hommes (1) ». Et quand l'heure est venue, « le bon Pasteur appelle nommément ses brebis », il manifeste, à celui qui ne le sait pas encore, le dessein que son amour a formé sur lui... Il le lui découvre par les événements : « Comme les choses in-

1. Dom Guéranger. *Instit. monast.*, x.

visibles sont vues à travers les choses visibles, » les événements dirigés par la main de Dieu sont une manifestation sensible et extérieure de son invisible volonté. Au dedans, un attrait puissant incline le cœur de l'homme vers un but, et cet attrait, c'est la voix de Celui qui dit : « Je t'ai choisi »; c'est la voix de Celui qui disait autrefois à Pierre et à André : « Venez, je ferai de vous des pêcheurs d'hommes, » ou à Mathieu : « Viens et suis-moi. »

Tant que la vocation n'est pas connue, la prière de l'homme fidèle devrait être celle-ci : « Je suis votre serviteur, Seigneur, que voulez-vous que je fasse ? » Dès que le secret de Dieu nous est révélé, il n'y a plus qu'à dire : « Me voici !... Qu'il soit fait selon votre parole ! » Si le bon Pasteur connaît ses brebis et les appelle, ses brebis le connaissent, entendent sa voix et le suivent.

✠

Cet appel, Ange l'avait entendu au jour de sa première communion. Une conviction constante et les fermes décisions de l'abbé Boisson ne lui laissaient aucun doute à ce sujet. Il alla donc, au mois d'octobre 1852, frapper à la porte du séminaire d'Issy et, après la retraite d'usage, il commença la philosophie.

Avec quelle joie il franchit le seuil de cette sainte maison! Enfin il était au séminaire! Il allait prendre les livrées du Seigneur et se préparer au sacerdoce! La vertu des Directeurs, le règlement, le sanctuaire de Notre-Dame de Lorette, l'esprit de famille qui règne à un si haut degré parmi les jeunes séminaristes, tout le ravit.

Il s'appliqua d'abord à lui-même l'adage : « Si tu commences, commence parfaitement. — *Si incipis, perfecte incipe.* » Rien ne saurait donner une idée de l'ardeur avec laquelle il entreprit la vie du séminaire ; son effort s'étendit à la prière, à tous les exercices de piété, à l'étude.

Les moindres prescriptions du règlement et les usages s'imposaient à sa conscience délicate. A la lecture spirituelle il recueillait, avec une véritable avidité, toutes les recommandations qu'on faisait aux séminaristes. Il désirait ne rien perdre de ces trésors spirituels. Il eût voulu faire toutes choses de la manière la plus parfaite. Pressé par un vif besoin de s'instruire de tout ce qui concerne la vie intérieure, il lisait beaucoup et consultait souvent ses confrères; il faisait aussi de longues listes de questions qu'il désirait soumettre à son directeur ; celui-ci, voulant corriger l'inquiétude qu'il remarquait en lui, ne se prêtait pas toujours à l'écouter : une fois même il continua d'écrire et, feignant de ne pas prendre garde aux questions qui lui étaient adressées, il se contenta de dire à plusieurs reprises : « Continuez. » Le pieux séminariste en eut une grande peine, il pleura beaucoup ce jour-là, comme il l'a avoué plus tard.

On vit, à cette époque, surgir en lui un double courant. Donné pleinement à Dieu, il ne perdait pas le sentiment de sa présence, il vivait dans une prière continuelle : on voyait sur son visage la paix, le repos, l'abandon ; sa conversation était tout empreinte de charité ; ses confrères, en le regardant, pensaient volontiers à saint Louis de Gonzague.

D'un autre côté son âme était livrée à une lutte violente, ses efforts étaient tendus : une activité extraordinaire le portait à chercher sans cesse de nouveaux moyens d'avancer dans le service de Dieu. C'est peut-être ce qu'on a le moins remarqué chez lui. Il fut dès le principe un de ces violents qui, sachant que le royaume de Dieu souffre violence, veulent l'acquérir au prix des plus grands efforts. Désormais sa vie tout entière sera partagée entre deux tendances, l'unité et la multiplicité ;

la simplicité unie à la multitude des pratiques ; l'abandon faisant place à des efforts incroyables. Ce contraste demeurera la double note de toute sa vie spirituelle. L'abandon sera sa voie ; le travail violent, son état le plus ordinaire.

On conçoit facilement quelles durent être les suites d'une lutte aussi opiniâtre. Si Ange avait reçu de Dieu l'énergie et le courage, il était d'une complexion faible : Chez lui la lame usa vite le fourreau. L'assiduité était contraire à son tempérament ; dès lors il dut interrompre souvent les études et les exercices réguliers du séminaire. Il ne fallut pas moins que le dévouement de sa bonne mère pour l'aider à traverser cette longue épreuve ; elle eut à le soigner pendant plusieurs maladies ; elle fit aussi bien des fois à pied la course de Passy au séminaire pour donner à ce cher fils, avec la consolation dont il avait besoin, tous les ménagements que sa santé réclamait.

Cette épreuve devait durer jusqu'à l'ordination au sacerdoce ; elle donna lieu à de perpétuelles alternatives. Après un peu de repos, Ange reprenait les exercices et le travail avec un zèle indomptable : bientôt, épuisé par ses efforts, il était de nouveau dans la nécessité d'en interrompre le cours.

Appelé à la tonsure le 21 mai 1853, Ange prononça dans une grande abondance de sentiments de foi les paroles de la consécration cléricale : « Le Seigneur est la part qui m'est échue en héritage et la portion qui m'est destinée : c'est vous, Seigneur, qui me rendrez l'héritage qui m'est propre. » (Ps. xv, 5.) Il devenait ainsi le clerc dévoué au service des autels : l'épreuve n'avait-elle pas déjà fait de lui une victime offerte au bon plaisir divin ? Ce nouveau lien accrut encore sa fidélité et sa patience.

Dès sa jeunesse, l'abbé Bourbonne eut des amis. L'un deux fut l'abbé Caillebotte, avec lequel il fit un voyage aux vacances de l'année 1854. La Providence, en lui faisant connaître Marseille, Annecy, Chambéry, la Chartreuse, la Salette, sembla lui tracer à l'avance les stations qu'il devait renouveler tant de fois dans la suite.

La grâce l'attendait à la Salette. Il y a, sur le plateau désert de la sainte montagne, une statue qui représente Marie en pleurs. En la voyant, il s'agenouilla et s'offrit spontanément à consoler les larmes de la sainte Vierge.

☦

Le mois d'octobre le conduisit à Saint-Sulpice pour suivre le cours de théologie. D'après l'usage du séminaire, les diacres, en qualité de plus anciens, aident les nouveaux venus à s'installer et les mettent au courant de toutes choses. L'abbé Coullié, alors diacre, rendit ce bon office à l'abbé Bourbonne. N'était-ce pas une attention de la Providence? Cette rencontre leur donna l'occasion de se connaître et de s'aimer; ce fut le commencement d'une relation qui se continua à Sainte-Marguerite et à Saint-Eustache.

Une lettre adressée à son ami l'abbé Cointet, datée du 26 novembre, nous montre toutes les précautions auxquelles il dut s'assujettir.

« Te voilà donc au séminaire : tu devais le désirer bien ardemment, toi, cher ami, que Dieu retenait depuis si longtemps dans l'exil, loin de l'objet de tes vœux. Tel était alors son bon plaisir. Ah! si nous nous considérions toujours entre les mains de Dieu comme des instruments de sa gloire, qu'il lui plaît de tirer d'où il veut, sans doute nous serions contents de tout ce qui nous arriverait et nous ne désirerions pas telle ou telle chose en particulier, mais seulement l'accomplissement de la volonté divine. C'est par cette pensée que j'essayais quelquefois de soutenir mon âme dans les moments de faiblesse et d'impuissance à travailler qu'il a plu à Dieu de me faire éprouver comme à toi, cher ami. Pour notre commune consolation, espérons que si le temps a été perdu pour l'étude, il ne l'a pas été pour Dieu et pour notre âme : et après tout, c'est l'essentiel.

« J'ai eu, moi aussi, le bonheur de rentrer au séminaire. Je commence la théologie. Ma santé n'est pas plus mauvaise que pendant les si longs mois que j'ai dû passer loin de cet heureux séjour, ce qui me fait espérer que je resterai peut-être jusqu'à la fin de l'année ; mais je t'assure que j'ai soin de me pourvoir d'une foule de permissions et de dispenses. Ainsi, je me lève à six heures, je vais étudier au jardin et encore j'étudie peu, je m'asseois pendant les exercices où l'on est trop longtemps à genoux...

« ... A la garde de Dieu ! oui, abandonnons-nous entièrement, corps et âme, entre ses mains et entre les mains de Marie, lui demandant qu'elle veuille bien disposer de tout nous-mêmes, comme il lui plaira pour la gloire de son Fils. »

Le dernier mot de cette lettre est l'abandon filial à Dieu entre les mains de Marie. Telle avait été, on s'en souvient, la conclusion de la retraite de 1852, à Luxeuil. Depuis, le serviteur de Marie a dit chaque jour la prière « O ma souveraine... » Il revient de la Salette. Le 8 décembre, jour de l'Immaculée Conception, il reçoit une nouvelle grâce à la suite de laquelle il contracte des engagements étroits envers la Reine du ciel; on en trouve la mention expresse dans ces quelques lignes écrites plus tard :

« O Marie, vous savez que depuis ma naissance je suis tout vôtre, quoique si indigne!... En descendant de la sainte montagne et dans la chapelle de Saint-Sulpice au jour de votre Immaculée Conception, au jour de sa bénie proclamation, que vous ai-je promis et qu'avez-vous fait de ce pauvre?... »

Ce jour fut assurément un des plus importants de sa vie. Ce que nous dirons dans la suite le fera mieux comprendre.

Malgré tous les ménagements pris au commencement de l'année, la fatigue se fit sentir et imposa au séminariste de nouvelles interruptions. Mais déjà familiarisé à la conduite de Dieu sur lui, sa soumission était prompte et généreuse.

« J'avais quitté le séminaire depuis quinze jours, écrit-il à un ami, forcé d'aller me reposer à Passy auprès de mes parents. Très fatigué, j'ai dû même garder le lit quelques jours, et pendant ces trois semaines passées dans ma famille je n'ai écrit à personne, pas même à ce bon M. Boisson, à qui je devais écrire.

« Abandonnons-nous à la volonté de Dieu et à sa providence paternelle; faisons notre profit des petites et des grandes peines, privations, infirmités, séparations, etc., toutes inséparablement attachées à cette vallée de larmes. La vie est abreuvée de ces amertumes. Résignons-nous à ne pas avoir notre parfait contentement. »

Il était dans ces sentiments lorsqu'il fut appelé au sous-diaconat. Pour rendre son immolation plus méritoire, Dieu permit qu'elle fût disputée par l'épreuve de la tentation. La sainteté et la grandeur de l'état ecclésiastique l'effrayaient; il avait une extrême répugnance à renoncer à sa liberté, et enfin il se sentait si ébranlé qu'il croyait ne pouvoir faire le pas définitif. Mais son parti fut bientôt pris, grâce à l'obéissance; le séminariste, écrivant à son ami, lui apprend la nouvelle de son ordination et sollicite ses prières. « Je suis appelé à recevoir le sous-diaconat. A la Trinité je serai sous-diacre. Mon directeur a prononcé, il faut avancer. Je suis bien heureux sous un rapport;

mais d'un autre côté, quelle obligation je vais contracter et pour l'éternité ! Prie donc pour moi, cher ami... Ah ! s'il est une démarche importante dans la vie, c'est bien celle par laquelle on s'engage ainsi irrévocablement dans une carrière où il ne faut pas compter vivre pour soi, pour son bien-être, mais où il faut se dévouer pour la gloire de Dieu et le bien des âmes aux exercices du zèle et de la prière...

« Tâche d'obtenir du bon Dieu et de Marie sous le blanc étendard de laquelle le vœu que je dois faire va me placer pour toujours, que je reçoive au beau jour de l'ordination, le 17 mai, les grâces et l'esprit d'un bon sous-diacre (1). »

Ses vœux furent exaucés. Le jour de son ordination il fut très vivement frappé de cette parole du cérémonial : « Faites attention à ce que vous faites et imitez ce que vous touchez. » Ces paroles restèrent gravées dans son cœur ; plus tard il les méditait chaque jour avant de célébrer les saints mystères.

✠

L'année 1857 fut la dernière, mais aussi la plus rude et la plus laborieuse. Epuisé, languissant, à bout de forces, notre ami dut quitter

1. Lettre à M. l'abbé Cointet, 17 avril 1856.

encore le séminaire. Cette fois, l'interruption fut de longue durée. M. l'abbé Simon connaissait l'abbé Bourbonne dès son enfance, il n'avait jamais cessé de veiller sur lui. Comme il était alors curé de Sainte-Marguerite, il l'appela pour lui procurer le repos nécessaire et la consolation, si douce à sa piété, d'exercer les fonctions du diaconat dans sa paroisse.

Cette halte lui permit d'atteindre la fin de l'été.

On se demande peut-être ce que fut le séminariste au milieu de toutes ces épreuves. Obligé à tant de ménagements, il sut modérer son travail, quoiqu'il lui en coûtât. Pourtant, nous avons de lui deux traités de théologie, un sur la conscience, l'autre sur les péchés. Il prit presque en entier le cours d'Écriture sainte : en 1854-1855, l'introduction à l'Écriture sainte; en 1855-1856, l'explication des saints Évangiles, la vie de saint Paul et l'épître aux Romains; en 1856-1857, au cours de M. le Hir, la seconde épître aux Corinthiens, les épîtres aux Galates, aux Hébreux, et l'Apocalypse. — En novembre 1856 il rédigea aussi les leçons sur la liturgie; plus tard une étude sur le Pontifical; en dernier lieu, un tableau alphabétique de questions relatives à la prédication ou à la direction des âmes. Au reste, l'amour de la vérité, l'intuition naturelle, les grâces si souvent attachées aux épreuves suppléèrent aux douloureuses lacunes causées par la fatigue et la souffrance.

Sous d'autres rapports on ne manqua pas de le remarquer. Nommé maître des cérémonies, il en accomplit les fonctions avec grâce et dignité.

Sa vertu imposait à tous le respect; elle inspirait à plusieurs la sympathie : quelques-uns de ses confrères le recherchaient particulièrement. Voici le témoignage rendu par l'un d'eux.

« J'ai connu l'abbé Bourbonne au séminaire Saint-Sulpice et seulement pendant les derniers mois qu'il a passés dans cette sainte maison. Il était au milieu de nous l'ange de la prière et de la souffrance : tous le connaissaient, tous l'aimaient, un petit nombre s'approchaient de lui. M. l'abbé Coullié était celui de nous qui le voyait le plus.

« L'abbé Bourbonne était une petite fleur charmante et parfumée, comme celles qui couvrent sa tombe et qui font les délices des âmes pieuses; ses yeux intelligents, fermes et limpides disaient son âme plus que ses paroles. Il parlait peu, son cœur était au ciel; l'expression de son visage toujours calme et gracieuse, et cependant on l'entendait dire souvent : « Je « lutte avec peine et fatigue contre mon vieil « homme ; il est vigoureux, celui-là !... Sou- « vent je suis blessé, mais je ne le lâcherai pas, « il doit mourir sous moi, coûte que coûte, et « je resterai seul avec Dieu. Je suis jaloux du « Maître pour lequel je travaille ; je veux « qu'il sache que personne ne l'aime plus que « moi. »

« Ses amis voyaient de jour en jour les progrès rapides de cette âme loyale et énergique dans la voie du saint abandon. Pour moi, je ne l'ai jamais vu s'arrêter, même pour se reposer, dans la lutte acharnée qu'il livrait à l'ennemi. Sa santé en souffrait beaucoup, il ne pouvait plus travailler, mais seulement prier... son cœur était brisé, sa volonté toujours pleine de vie, son âme sereine (1). »

Aux vacances de 1857, Ange Bourbonne redevint le compagnon de voyage de l'abbé Caillebotte, alors sous-diacre. Avec lui, il visita la haute Italie, Turin, Milan, Venise, où il fut malade. A Bologne il eut l'insigne honneur de voir Pie IX et de recevoir sa bénédiction.

1. M. l'abbé de Musy.

Fatigué de ce dernier voyage fait en voiture, il dut s'arrêter à Gênes, puis il rentra en France. A Toulon il rencontra l'abbé Nicolas Rébuffat ; à Marseille, M. Chol, prêtre de Saint-Sulpice, dont la vue l'impressionna beaucoup. Le pèlerinage de la Sainte-Baume, un entretien avec le R. P. Jean du Sacré-Cœur et le spectacle édifiant de la grande pauvreté des victimes du Sacré-Cœur à Belle-de-Mai, laissèrent dans son âme un parfum du ciel.

Au commencement d'octobre, il revint au séminaire pour la dernière fois. Le 11 décembre, son ami l'abbé Cointet recevait de lui cette lettre : « Malgré mon indignité et mon indigence extrême, il a été décidé que je devais me préparer à recevoir le sacré caractère du sacerdoce. — C'est déjà demain samedi que nous entrons en retraite et samedi 19 que ton ami et pauvre frère sera prêtre pour l'éternité ! Tu sais si j'ai besoin que tu pries pour moi et que tu fasses prier les bonnes âmes que tu peux connaître pour obtenir que je devienne un saint prêtre, un autre Jésus-Christ. Le lendemain à huit heures, j'aurai le bonheur d'offrir la sainte Victime pour la première fois. Je ne t'oublierai pas ; mais fais, par tes bonnes prières, que Notre-Seigneur trouve moins impurs et moins indignes de lui ces mains, ces yeux, ces lèvres, ce cœur surtout qu'il veut sanctifier par le contact sacré de son corps et de son sang adorables. L'abbé Blanchar sera ordonné sous-diacre; prie aussi pour lui.

« Daigne la divine Bonté continuer à prendre soin de toi : et que ce soin lui sera agréable si tu te remets à sa sainte et assurée conduite dans le plus grand abandon, dans quelque état que tu te trouves ! Ne te décourage en aucune sorte, et pense que nous devons nous attendre à des croix toute notre vie. Heureux ceux qui en sentent le prix ! Oh ! quelle couronne pour l'éternité ! »

Le 19 décembre 1857 l'abbé Bourbonne, agenouillé sous la main de Mgr Morlot, archevêque de Paris, reçut la consécration sacerdotale.

Le lendemain, dans l'église Saint-Sulpice, à la chapelle de la Sainte Vierge, il monta pour la première fois à l'autel. L'abbé Caillebotte voulut servir sa messe; sa mère et sa sœur y communièrent. Ce jour-là il cessa d'embrasser sa sœur, pensant déjà qu'elle se consacrerait à Dieu. Il allait éviter sa mère elle-même; mais les pieuses pensées du fils n'eurent pas raison de la tendresse maternelle. « Une mère, dit-elle bien haut, a toujours le droit d'embrasser son enfant. » Sur ce, elle prit dans ses bras ce cher fils et l'embrassa tendrement. Noble et digne femme! n'avait-elle pas mérité cette joie? Hélas! à ce moment même elle était prise d'un refroidissement subit et bientôt elle devait quitter la terre.

CHAPITRE CINQUIÈME

A la garde de la Providence.

Passage à Sainte-Marguerite. — Mort de Mme Bourbonne.
Maladie. — Convalescence au château de Digoine.
Séjour dans la famille de Musy.

« Rien, dit saint Augustin, ne procède dans notre vie par des mouvements de hasard; mais tout ce qui arrive contre notre volonté, tout sort et tout dépend de la volonté de Dieu, de la Providence de Dieu, et de l'ordre qu'il a posé, du consentement qu'il donne et des lois qu'il a établies (1). »

Si je dis, avec une vraie foi : « Je crois en Dieu, Père tout-puissant, Créateur des choses visibles et invisibles », ne dois-je pas dire aussi : « Dieu est mon Père et je suis son enfant? » Qu'importe que je sois si petit? Dieu prend soin de moi et de tout ce qui me concerne.

---

1. « In vita nostra nihil temerariis metibus agitur... quidquid accidit contra voluntatem nostram, noveris non accidere nisi de voluntate Dei, de providentia ipsius, de ordine ipsius, de nutu ipsius, de legibus ipsius. »

Ce petit être que je suis, Dieu l'a créé. Seigneur, « c'est vous qui m'avez formé (1) ». Dieu le conserve par son Verbe, qui « porte toutes choses », par sa main qui concourt immédiatement à toutes nos opérations. Dieu aussi le gouverne pour le mener à sa fin. « Le Seigneur me conduit (2). » La créature n'est rien, pourtant Dieu y pense toujours et toujours il veille sur elle. Il la suit en tout temps, en tout lieu, en toute occasion. L'amour divin ne connaît pas les intervalles, il saisit l'homme pendant le sommeil de ses nuits, à son réveil, à tous les instants du jour. Dieu est présent partout avec son secours puissant, il s'intéresse à tous, « pas un cheveu ne tombe de nos têtes sans sa permission ». Et comment? Est-ce par quelque vertu qu'il nous ait laissée ou qu'il ait donnée aux autres créatures? Non : son concours est actuel; chacun de nous peut dire : « Il me regarde maintenant : il me voit toujours, il ne détourne pas un seul instant de moi ses yeux divins. » Ce n'est pas un simple regard, c'est Lui-même. Présent en toutes choses, il donne à toutes l'être, aux créatures animées il donne le mouvement et la vie, et s'il cessait un

1. Ps. CXXXVIII, 1, 3.
2. Ps. XXII, 1, 6.

moment d'en prendre soin, au même instant elles cesseraient d'être et tomberaient dans le néant.

« Dieu nous aime d'un amour infini et de toute son essence divine. En prenant soin de nous, il s'y applique avec autant d'attention que s'il n'avait pas autre chose à faire, comme s'il n'y avait que nous au monde. Rien enfin n'interrompt ses soins, pas même nos péchés; il concourt aux actions naturelles des pécheurs au temps même où ils l'offensent (1). »

Telle est la divine Providence : mais que n'est-elle pas envers les justes? « Que les justes soient comme dans un festin et dans la joie en présence de Dieu et qu'ils soient comblés d'allégresse; qu'ils lui chantent des cantiques; qu'ils disent des hymnes à la gloire de son nom; que leurs cœurs se réjouissent en lui, car ses yeux divins sont sur eux et ses oreilles sont attentives à leurs prières (2). »

Si Dieu considère tous les hommes; s'il veille, par une providence spéciale sur les chrétiens, qui sont la nation choisie, il tient une providence plus particulière sur les justes. A eux surtout il sert de secours, de refuge, de

1. M. Boudon.
2. Ps. LXVII, 4-5.

protection en toutes choses : il est près d'eux pour les exaucer dans leurs prières, les délivrer de leurs peines, garder leurs os. « Ceux qui cherchent le Seigneur ne manqueront de rien, » il leur apprend surtout à ne prendre d'appui que sur lui. Le secours divin abonde là où manquent les moyens humains; il y a plus de Dieu là où il y a moins de la créature. C'est lorsqu'on pense tout perdu qu'on est plus abondamment assisté. Dieu, enfin, donne son secours à proportion de la confiance qu'on lui témoigne.

☩

L'abbé Bourbonne avait une foi très vive à la Providence : habitué à voir Dieu en toutes choses, il accueillait les épreuves avec un cœur soumis et il attendait tout d'en haut. Avec le secours divin n'avait-il pas déjà passé par l'eau et par le feu ? De nouvelles secousses devaient tremper son courage et accroître sa confiance, en le mettant dans la nécessité de s'abandonner toujours davantage entre les mains de Dieu.

Le dernier trimestre de préparation au sacerdoce avait suffi à ébranler sa santé. Si on lui eût demandé à ce moment ce qu'il voulait faire, il lui eût été peut-être difficile de répondre. Dans ce cas, ce qu'il savait surtout, c'est qu'il se confiait en Dieu. Il s'en remit à Celui qui est notre Père, et Dieu, qui commande à ses anges « de garder le juste dans ses voies », ne lui manqua pas.

La paroisse Sainte-Marguerite avait eu le jeune diacre pendant plusieurs mois de son séminaire. Elle le posséda de nouveau après son ordination sacerdotale. M. l'abbé Simon le demanda à Monseigneur, qui voulut bien le lui accorder.

Le nouveau prêtre chanta dans cette paroisse sa première grand'messe solennelle. Ce fut une fête délicieuse! La mère du célébrant, dont l'état n'inspirait pas encore d'inquiétude, assista, entourée de toute sa famille et radieuse de joie, au triomphe de ce fils bien-aimé.

Une autre consolation fut aussi accordée à l'abbé Bourbonne. M. l'abbé Coullié, alors vicaire à Sainte-Marguerite, l'accueillit affectueusement et l'initia au ministère paroissial, comme il l'avait assisté au moment de son entrée au séminaire.

Il fut son ange pour la seconde fois. Une douce intimité s'établit entre eux sous le regard paternel de M. l'abbé Simon. La bénédiction divine tombait sur ces cœurs unis dans le bien : la charité, les pressant toujours plus, les porta à resserrer leurs liens d'une manière plus étroite encore. On fit même le projet de former une petite communauté sacerdotale qui unirait ensemble MM. Coullié, Bourbonne et Caillebotte, lorsque celui-ci aurait reçu la prêtrise. M. le curé, bien loin de combattre ce dessein, le favorisa ; sa piété y souscrivait volontiers ; il voyait là d'ailleurs le moyen d'augmenter ses auxiliaires sans charger le budget de la fabrique paroissiale. La Providence sourit sans doute au bon vouloir de ses serviteurs, mais elle en disposa autrement. Peu de temps après, le vénérable M. Simon, nommé à la cure de Saint-Eustache, allait quitter Sainte-Marguerite ; son départ fit avorter le projet.

Trois mois étaient à peine écoulés, quand survint une grande et douloureuse épreuve. Mme Bourbonne, retirée depuis quelque temps rue Papillon, vint à plusieurs reprises assister à la messe de son cher fils. Une fois aussi elle réunit sa famille à Notre-Dame des Victoires, en vue d'obtenir la protection de la Reine du ciel pour un de ses enfants ; l'abbé offrit le saint sacrifice et les vœux de la mère furent exaucés. Mais l'heure était venue : cette femme magnanime avait demandé à Dieu de voir son fils à l'autel et de mourir ensuite. Elle ne s'était pas remise du refroidissement qui l'avait saisie à sa première messe et, après une lutte de quelques semaines, elle fut vaincue. L'abbé, prévenu du danger, put assister à ses derniers moments : il arriva à huit heures du soir pendant qu'on lui administrait les sacrements. Il reçut ses dernières recommandations et particulièrement la mission de veiller sur sa sœur. A une heure du matin, le 23 mars 1858, Mme Bourbonne, ayant rempli sa tâche et conservé jusqu'au bout la pleine possession d'elle-même, achevait sa course et rendait sa belle âme à Dieu.

☩

Le coup fut trop violent : la santé de l'abbé, fortement ébranlée, au moment de l'ordination, ne put supporter le choc que lui causa la mort de sa mère. Quelle que fût sa résignation, il tomba malade avant Pâques, atteint d'une fièvre typhoïde. Le toit hospitalier de M. Simon ne suffit plus alors à cette grande détresse : un repos absolu devint nécessaire.

Mais les heures désespérées ne sont-elles pas les heures de Dieu? et cela n'est-il pas particulièrement manifeste pour les vrais enfants de la Providence? « Tous les êtres, observe saint Bernard, en commentant le psaume XC, peuvent dire à Dieu : Vous êtes mon Créateur ; les animaux peuvent dire : Vous êtes mon Pasteur ; les hommes peuvent dire : Vous êtes mon Sauveur ; mais il n'y a que celui qui a établi sa demeure sous la protection du Seigneur qui lui puisse dire : Vous êtes mon Protecteur : c'est pourquoi celui-là ajoute : Vous êtes mon Dieu. »

A l'heure même où le pauvre malade se soumettait de tout son cœur à la volonté divine et se remettait à la garde de la Providence, Dieu y pourvut : il lui envoya son ange ; cette fois encore cet ange fut un ami. M. l'abbé de Musy n'avait connu l'abbé Bourbonne que peu de temps au séminaire, mais il avait remarqué sa vertu et il l'aimait. Quand il le vit malade, hors d'état de remplir les fonctions du ministère, il demanda la permission de prendre soin de lui.

☦

Il l'emmena donc au château de Digoine, habitation patrimoniale des comtes de Musy : la famille se composait alors du comte et de la comtesse de Musy, du fils aîné Humbert, de l'abbé Victor et de leur sœur Geneviève. Dans cet intérieur chrétien et paisible on menait la vie patriarcale des anciens jours. Le pieux malade fut aimé de tous, et vénéré « à l'égal d'une relique (1) ».

Ses forces revenant peu à peu, il célébrait le saint sacrifice à la chapelle du château, « son âme, à l'autel, comme un parfum brûlant, se perdait et s'élevait aux yeux charmés des assistants, qui priaient avec lui comme s'ils eussent vu un ange ».

M. l'abbé de Musy a bien voulu nous apprendre lui-même ce que fut le séjour de son pieux ami à Digoine. « Sa vie dans notre famille, écrit-il, a été ce qu'elle avait été au séminaire : ma sœur Geneviève fut sa première pénitente ; il aimait à parler de ce souvenir. Tous nous nous confessions à lui ; lui se confessait à moi.

« C'était la vie commune en Dieu, l'intimité des âmes et la joie du cœur. Douce vie que celle-là ! Que souvent nous avons remercié Jésus notre Maître, vivant dans le petit tabernacle de la chapelle du château ! Il était notre centre : ma mère était l'âme et la force de cette chère famille ; notre ami en était le rayon du ciel si pur et si brillant.

« L'abbé Bourbonne était toujours souffrant : il n'a parlé que trois ou quatre fois à la chapelle

1. L'abbé de Musy.

pendant son séjour; la préparation lui était très pénible. »

Après quelques mois de cette vie si douce, il avait enfin repris ses forces; il quitta la famille de Musy pour aller à Bar. Ce séjour avait fondé une amitié impérissable. « La charité demeure, » elle appartient à l'éternité. On le recevra plus d'une fois encore; la joie de son arrivée sera toujours plus grande. En le voyant on dira : « C'est un frère et un père pour nous. » Un jour surtout Digoine sera en fête et quand, le 16 août 1873, un télégramme de Lourdes apprendra la guérison miraculeuse de l'abbé de Musy, son ami, l'abbé Bourbonne, assis au foyer de la famille, uni de cœur à sa joie, entonnera, devant la foule accourue de toutes parts à la chapelle du château, le chant du *Te Deum*.

Là fut aussi le prélude des stations qu'il devait faire plus tard dans ce diocèse : à Autun, où il verra chaque année une famille qui l'aimera autant qu'elle sera aimée de lui; à Rimont, où il aura pour amis et pour enfants spirituels les généreux fondateurs de l'église et de l'école cléricale; à Paray-le-Monial, où le serviteur de la sainte Vierge, devenu la victime du Sacré Cœur, accomplira ses derniers pèlerinages!

Mentionnons encore cette circonstance. M. l'abbé Devoucoux, vicaire général d'Autun, ami de la famille de Musy, était venu à Digoine ; la vue de l'abbé Bourbonne lui avait causé une heureuse impression ; ce souvenir lui reviendra tout à l'heure, quand il montera sur le siège épiscopal d'Evreux.

Ainsi Dieu mène les siens. Sa douce Providence, en pourvoyant au présent, prépare l'avenir.

CHAPITRE SIXIÈME

Noviciat du ministère.

L'abbé Bourbonne appelé à Évreux. — Séjour à l'évêché.
Il est nommé aumônier du Carmel de Gravigny.
Sa vie, ses vertus, ses occupations pendant ce temps.
Causes de son départ. — 1858-1864.

L'abbé Bourbonne était à Bar-sur-Seine dans sa famille paternelle. Une dépêche lui arriva; elle était ainsi conçue : « Venez auprès de nous. » C'était Mgr Devoucoux qui l'appelait à Evreux. Ses parents, ses amis eussent préféré le voir rentrer dans son propre diocèse et prendre rang dans le clergé de Paris. Pour lui, il vit dans les deux mots du prélat l'appel de Dieu et partit aussitôt.

Il fut d'abord attaché à la personne de l'évêque en qualité de secrétaire. Il en conçut une joie très vive à cause de l'estime qu'il avait pour Mgr Devoucoux; la perspective de vivre dans le commerce et sous la conduite d'un homme de haute vertu le réjouissait beaucoup.

Sa joie fut courte. Les Carmélites de Pont-Audemer, transférées à Gravigny-les-Evreux eurent besoin d'un aumônier. L'Evêque, qui avait déjà pu reconnaître les aptitudes de son jeune secrétaire, pensa tout naturellement à lui confier ce poste. Grande fut la déception de l'abbé Bourbonne, lorsqu'il se vit éloigné par celui même qui l'avait appelé : il versa des larmes abondantes, mais il fit courageusement son sacrifice. Jusque-là, il se liait facilement; à partir de ce moment il prit la résolution de ne plus jamais s'attacher à personne.

Cette décision eut un grand retentissement dans sa vie spirituelle ; elle eut encore un autre résultat, elle le mit dans sa voie. Un ardent désir de la perfection n'avoisine-t-il pas de bien près dans une âme le désir de la vie religieuse ? Ne donne-t-il pas, en tout cas, à celui qui en est possédé, l'estime et l'amour des choses de ce saint état ?

L'abbé Bourbonne avait au cœur une plaie d'amour : un puissant besoin d'apostolat tourmentait son âme expansive ; mais son attrait dominant le portait à la conduite des âmes pieuses.

N'était-il pas à sa place à côté des filles de sainte Thérèse ? Que pouvait-il rencontrer de plus conforme à ses goûts? Il en fit bientôt l'expérience; on l'éprouva de même autour de lui. Les grâces qui accompagnèrent les débuts de son ministère et les beaux exemples de vertu qu'on remarqua en lui chaque jour, justifièrent aux yeux de tous le choix dont il avait été l'objet.

Mgr Devoucoux vint lui-même, au monastère des Carmélites, présenter le nouvel aumônier. Les Révérendes Mères en eurent de suite une bonne impression; mais sa jeunesse les effraya; elles allèrent même jusqu'à demander son âge. L'abbé était alors dans sa vingt-cinquième année, et l'expression virginale de sa physionomie semblait le rendre plus jeune encore. Le prélat répondit, en souriant, qu'il « allait sur les trente ans ». Sa pensée fut comprise; c'était un hommage rendu à la maturité de l'abbé Bourbonne, et l'assurance qu'il ne serait pas au-dessous de sa mission.

A l'exemple du Sauveur, le pieux aumônier fit d'abord, ensuite il enseigna: « *Cœpit facere et docere.* » Il gagna vite les cœurs par son humilité et son zèle à s'instruire de tout ce qui concerne l'état religieux et la vie du Carmel.

L'âme religieuse ne tend pas à la perfection seulement par l'observation des préceptes et par la pratique des vertus chrétiennes ; elle y tend encore par des moyens propres à son état. Pour elle, l'obligation de tendre à la perfection se confond et s'identifie en fait avec l'obligation de pratiquer les vœux et les règles. Tel est le sens de l'engagement sublime contracté au jour de la profession.

Il y a aussi des choses propres à chacun des instituts religieux, parce que chacun d'eux a une fin particulière et des moyens pour l'atteindre. Quand un prêtre reçoit la mission de diriger des âmes religieuses, sa première tâche est de connaître leur état. Comment pourrait-il les aider s'il ne savait leurs devoirs, les difficultés qu'elles rencontrent, les ressources mises avec tant de profusion entre leurs mains ? C'est ce que comprit l'abbé Bourbonne : en voyant sa grande jeunesse en face d'une si grande mission, il entreprit un vrai noviciat.

Il lut les constitutions du Carmel et se mit au courant des usages de la communauté dont il était chargé. Il ne craignait pas de se faire disciple ; il écoutait, il consultait, il embrassait même, autant que cela se pouvait, les pratiques des religieuses, mais sans perdre de vue que, par le caractère et la vertu du sacerdoce, il était le père des âmes.

La confiance de toutes lui fut bientôt acquise. Au reste, son maintien plein de réserve et de dignité imposait le respect. Lorsqu'il entrait dans la cour extérieure du monastère, « il marchait la tête découverte, comme s'il eût passé devant le Saint-Sacrement. Il saluait les sœurs tourières en leur demandant si elles étaient bien unies à Notre-Seigneur. Il ne regardait rien, il demeurait recueilli en Dieu ». Un jour le cardinal de Bonnechose, archevêque de Rouen, vint au Carmel de Gravigny : il avait, en passant, remarqué l'abbé Bourbonne et n'eut rien de plus pressé que de dire aux Sœurs : « Vous avez un aumônier qui n'a pas l'air de s'occuper des choses de la terre. »

Les débuts de sa prédication furent pénibles. Une instruction donnée à la communauté, alors qu'il n'était pas aumônier, avait réjoui tous les cœurs. Lorsqu'il parla pour la première fois après sa nomination, il parcourut, dans un seul entretien, la vie de Jésus-Christ... Il fut peu écouté et reçut même quelques observations dont son humilité tira profit. La voie ne tarda pas à s'ouvrir ; peu à peu il prit aisance et parla facilement. La sainte Vierge était son recours ; il lui avait exposé sa peine et avait obtenu, par son intercession, la grâce de prêcher avec fruit.

Il fit aussi son noviciat dans la conduite des âmes... Au commencement, l'impétuosité de son zèle le portait à vouloir le bien trop vivement, sans faire assez la part de la nature humaine : il apprit à se modérer, il sut bientôt compatir à la faiblesse et seconder les élans généreux. La communauté trouva en lui un père ; les âmes s'épanouissaient sous sa direction. En voyant leur jeune aumônier à l'œuvre, toutes remerciaient Dieu de leur avoir donné un « ange ». A l'intérieur comme au dehors, on reconnaissait la vertu du prêtre et les bénédictions divines attachées à son ministère.

✠

D'ailleurs, pour l'abbé Bourbonne, le temps passé à Gravigny fut un temps de solitude, de prière, d'étude et de silence. « C'était, dit un de ses confrères d'Evreux, un prêtre pieux surtout, instruit et très aimable, mais de cette amabilité qui est un fruit de la charité chrétienne. Il étudiait les œuvres ascétiques et l'on voyait qu'il ne se bornait pas à la théorie ; il pratiquait ce qu'il enseignait aux autres. Nous avons eu quelques discussions sur des sujets assez relevés, tels que l'activité ou la passivité de l'âme dans l'oraison; je lui fis un jour le résumé d'une dissertation de Suarez sur ce sujet et je fus très édifié de voir qu'il adoptait une opinion qu'il avait d'abord combattue.

« La vie de ce digne prêtre s'est passée, à Gravigny du moins, dans la retraite. Il allait, si je ne me trompe, très rarement dans le monde; je crois même qu'il était rarement invité à prêcher, ou qu'il refusait par modestie, quoiqu'il eût pu très bien instruire et édifier son auditoire. C'était une humble violette dont le parfum se répandait dans une atmosphère surnaturelle. L'abbé Bourbonne semblait toujours converser dans le ciel : il était d'une candeur admirable et d'une charité qui ne lui permettait pas de se défier de la sincérité des autres...

« En résumé, la vie de ce cher et saint ami a été une vie intérieure : le bien qu'il a fait a été surtout dans les âmes, Dieu seul en connaît la grandeur (1). »

C'est dans la retraite que l'abbé Bourbonne inaugura son ministère. Il avait déjà fait bien des retraites où Dieu avait parlé à son cœur

1. Lettre de M. l'abbé Ovide Leroy, chanoine honoraire de Lorette.

et lui avait donné de grandes grâces. Cette fois la solitude était sa vie quotidienne, comme s'il eût entendu le mot de saint Bernard : « O chère âme, sois seule afin de te garder toi-même à l'unique de toutes choses et que tu as choisi entre tout le reste. »

Il se retira du commerce des créatures et de toute vie des sens. « Celui qui ne vit plus de la vie des sens applique librement toute sa force et toutes les puissances de son âme à la divine contemplation (1). » Bien convaincu que ce qui est le plus nécessaire à notre avancement « c'est de faire taire nos inclinations et notre langue en présence de ce grand Dieu qui préfère un amour silencieux à tout autre langage (2) », il demanda au silence le secret de la prière et du progrès dans les vertus.

« Une âme ne saurait faire de progrès qu'en agissant et en souffrant en silence. — Pour avancer dans la vertu il faut savoir surtout se taire et agir ; car parler nous distrait, mais le travail et le silence recueillent (3). »

Il priait longuement : son recueillement était habituel ; son âme, tout imprégnée de l'esprit

1. St Jean de la Croix. *Maximes*, 281.
2. Id., 285.
3. Id., 295-296.

de Dieu et pénétrée de lumière. « Le Père a dit une parole, c'est son Verbe et son Fils : il l'a dite éternellement et dans un éternel silence. Et c'est dans le silence que l'âme l'entend (1). »

D'autant plus qu'il joignait l'étude à la prière. Ses livres furent les œuvres de saint Jean de la Croix, de sainte Thérèse, de Boudon. La lecture de ces auteurs développa en lui la science de la direction des âmes. Un attrait particulier le porta aussi à lire assidûment la *Cité mystique* (2). Pendant plusieurs années il en médita un ou deux chapitres chaque jour. Il en résulta, pour lui, un grand accroissement de dévotion envers la Reine du ciel et une vive lumière, qui lui fit mieux goûter les mystères de la vie de Jésus-Christ et de la sainte Vierge et l'économie du plan divin.

A cela s'ajoutèrent quelques résumés de plusieurs retraites auxquelles il assista : Retraite au grand séminaire prêchée par M. Mellier, lazariste, en 1863. — Retraite au petit séminaire, par le même, 1863. — Station de l'Avent, 1863. — Retraite pour les jeunes per-

1. St Jean de la Croix, 254.
2. Cet ouvrage a été attaqué par plusieurs, mais il a reçu les plus hautes approbations.

sonnes, par MM. Mourlon et Juillet, 1864. — Retraite pour les enfants, par M. Juillet, Carême 1864. — Retraite du même pour les mères chrétiennes, 1864. — Avent 1864. — Puis des notes diverses pour la prédication et la conduite des âmes.

Telle était donc la vie de l'abbé Bourbonne à Gravigny. Après les heures consacrées au ministère, son temps appartenait à la prière, au travail, à la solitude.

« Mais la direction d'un maître est nécessaire à toute âme (1). » Il plut à Dieu de lui accorder dans la personne de M. l'abbé Courtois, curé d'Irreville, un père vigilant et plein d'affection.

Plusieurs fois sa sœur vint passer près de lui une partie de ses vacances. Il eut ainsi l'occasion, en prodiguant son dévouement à une âme qu'il chérissait, d'accomplir le mandat reçu au lit de mort de sa vertueuse mère. Ce fut encore pour lui une de ces douces joies qui sont le charme de la vie présente (2).

✠

Dans des conditions aussi favorables, l'abbé

---

1. St Jean de la Croix.
2. « Ornamentum præsentis vitæ. » (St Augustin.)

Bourbonne trouva un repos salutaire. Son âme y puisa une vie abondante, une sorte de plénitude spirituelle ; sa santé en ressentit un heureux contre-coup et il y eut en lui comme une reconstitution des forces physiques. Ce fut alors un réveil qui donna naissance à un pressant besoin d'action. Pouvait-il, lui, se sentir debout, tout vivant, sans éprouver un violent désir de se dépenser?

Il avait fait déjà quelques essais. Agrégé à la famille du Carmel, il avait voulu réunir quelques membres du tiers-ordre et établir une fraternité. Mais cette œuvre, et d'autres encore qu'il tenta, ne réussirent pas. La Révérende Mère Prieure des Carmélites signale la cause de cet insuccès : « Pour alimenter le feu, nous dit-elle, il faut du bois; or il ne trouvait pas de notre côté l'élément nécessaire pour seconder ses vues. »

Les notes écrites en 1863 et en 1864 n'étaient-elles pas le signe avant-coureur d'une prochaine entrée en campagne? Assurément l'abbé Bourbonne aimait le Carmel, il avait prodigué aux religieuses tout son dévouement; malgré cela il se sentit à l'étroit; son zèle comprimé dans les limites d'un ministère restreint appelait un champ plus vaste. N'était-ce pas d'ailleurs la faiblesse de sa santé qui l'avait conduit à Gravigny?

Alors il sortit de la solitude, et ses voyages devinrent assez fréquents pour attirer l'attention de l'Évêque. Un jour même, un vicaire général lui dit : « Prenez garde, nous avons lâché la corde, nous pourrions bien la resserrer! » Mais la divine Providence préparait elle-même le retour de son serviteur au lieu où il s'était donné à son service et qui devait être le théâtre de son ministère.

Il était là depuis six ans, mais il avait laissé à Paris des amis qui ne l'oubliaient pas. L'abbé Coullié avait rejoint à Saint-Eustache M. l'abbé Simon, sur sa demande; tous deux voyaient avec regret, en dehors du diocèse, un prêtre tel que l'abbé Bourbonne, et leur commune amitié les poussait à désirer son retour. Une vacance vint à se produire dans le vicariat de Saint-Eustache; M. l'abbé Lagarde, vicaire général, archidiacre de Notre-Dame, se souvint de l'absent. On fit aussitôt le complot de le ramener : la Providence les aida et fit tout réussir.

L'abbé Bourbonne venait de temps en temps à Paris, où son père demeurait encore : n'y vint-il pas cette fois pour lui rendre les derniers devoirs? Ce que nous savons, c'est que M. Charles Bourbonne mourut le 4 juillet 1864, ramené à Dieu, quelques semaines avant, par les prières et les exemples de son fils.

La reconnaissance était chère au cœur de l'abbé: elle le conduisit à Saint-Eustache, il y reçut comme toujours l'accueil le plus cordial. Dans le cours de l'entretien M. le curé lui dit : « Je suis très occupé, veuillez donc me rendre un service important. » En même temps, il écrivit, en sa présence, une lettre et le pria de la porter confidentiellement au vicaire général. Avec une innocence parfaite, l'abbé courut à l'archevêché: le grand vicaire, après avoir lu la lettre, dit malicieusement au porteur : « Savez-vous ce qu'elle contient? » et, sur sa réponse négative, il ajouta : « Eh bien, mon cher ami, vous êtes pris... »

Le mot de l'énigme était celui-ci : M. l'abbé Simon demandait l'abbé Bourbonne pour vicaire. Quelques jours après, sa nomination était un fait accompli.

La désolation des Sœurs fut grande; le pieux aumônier ne quitta pas sans regret sa chère famille de Gravigny; il conserva toujours avec elle les meilleures relations; il la visita souvent et la revit encore quelques jours avant de mourir. On peut dire que jusqu'à la fin de sa vie son cœur appartint au Carmel.

Mais la Providence avait parlé par la voix de son archevêque : l'abbé Bourbonne vit sans doute devant lui la grande mer sur laquelle il allait être lancé et fit cette réponse : « Sur votre parole je jetterai le filet. »

CHAPITRE SEPTIÈME

Ministère à Saint-Eustache.

Catéchismes. — Œuvres. — Instructions. — Confessions.
Dévouement universel.
Saint-Eustache pendant la Commune : courageux ministère.
Epreuves : Emploi de vicaire-sacristain.
L'abbé Bourbonne perd un œil; vertiges; accidents pénibles.
Nécessité de son départ.
1864-1872.

La Providence dirigeait visiblement les pas de l'abbé Bourbonne. Elle l'avait conduit, en 1858, sans aucune démarche de sa part, à Gravigny; maintenant elle le ramenait à Paris, sur les seules instances des amis qu'elle lui avait données pour seconder ses desseins.

Quel changement! quel contraste! Hier c'était le repos, le silence, la prière : l'aumônier, loin du monde, parlait de Dieu à des Carmélites, à la grille du chœur. Aujourd'hui, ce même homme, devenu, par la volonté divine, le vicaire de Saint-Eustache, se trouvait près des Halles, dans le quartier le plus tumultueux de la grande ville.

Mais tel est l'ordre divin. Jésus ne vécut-il pas trente ans à Nazareth dans le silence et le travail? Ne fut-il pas quarante jours dans le désert seul avec Dieu? Ne le vit-on pas ensuite s'établir à Caphernaüm, rendez-vous des nations, pour prêcher la pénitence et annoncer le royaume de Dieu? L'apôtre se prépare dans la retraite et, l'heure venue, il reçoit sa mission! « Allez, enseignez et baptisez. »

L'humble prêtre, sorti pour toujours de la solitude de Gravigny, est maintenant jeté au milieu de la mêlée.

N'est-ce pas à lui que s'adressent les paroles de saint Paul : « Revêtez-vous, comme les bien-aimés de Dieu, des entrailles de la miséricorde ? » (Coloss. III, 12.) Le prêtre, en effet, vit au milieu des hommes et converse avec eux, et c'est devant la souffrance d'autrui que naît en lui la sympathie qui le porte à la soulager. Toutes les misères l'appellent et sollicitent ses bienfaits; il rencontre sur son chemin la faim, la soif, l'homme sans vêtements et sans gîte, l'infirme, le mourant.

Combien les âmes ne l'appellent-elles pas davantage encore? Chaque jour il peut donner le conseil, la consolation, l'enseignement et la prière.

Tel est le vaste champ ouvert au cœur du prêtre. L'abbé Bourbonne ne dut-il pas envisager avec amour l'heureuse nécessité de se consacrer aux âmes pour la plus grande gloire de Dieu?...

☩

Il commença son ministère sous l'égide de son vénérable curé. M. l'abbé Simon s'était souvenu de l'enfant, du séminariste : il appelait le prêtre à Saint-Eustache. Il le reçut à bras ouverts et se montra paternel.

L'abbé Coullié partagea avec lui, en frère aîné, les fonctions qui lui étaient confiées. Ils firent ensemble les catéchismes de persévérance et de première communion, ainsi que le petit catéchisme, où le nouveau vicaire fut vénéré de tous « ses petits enfants », qu'il charmait par ses instructions. Plusieurs œuvres : le Sacré-Cœur, Saint-Vincent de Paul, Notre-Dame des Sept Douleurs leur furent communes. On remarqua, en toutes circonstances, la parfaite déférence de M. Bourbonne pour M. Coullié. Il obéissait à un geste, à un regard ; il s'étudiait à deviner sa pensée pour s'y conformer aussitôt. C'était chez lui un vif attrait d'obéissance qu'augmentait encore sa profonde estime pour l'abbé Coullié.

Son premier soin fut de se mettre à la disposition des âmes. Il se livrait assidûment à la prière, tantôt devant l'autel où se trouvait le Saint-Sacrement, tantôt dans la chapelle de son confessionnal. Que de fois on le vit à genoux sur le marchepied de l'autel de saint Pierre l'Exorciste, absorbé, abîmé dans la contemplation ! Quelques-uns le regardaient avec étonnement et disaient : « C'est sans doute un usage d'Evreux. »

Les fidèles ne tardèrent pas à venir auprès de ce prêtre qui priait toujours, qui était toujours à la merci de tous. Ce fut un précieux avantage pour les personnes occupées; elles disaient : « On n'a pas besoin de le demander, il est toujours là. » — Si on ne le voyait pas, on pouvait le faire venir à volonté, « on ne le dérangeait jamais ». Les domestiques et les personnes dont la journée appartient entièrement au travail furent sa première famille spirituelle ; elles l'envahirent.

Son air recueilli, son attitude digne et réservée, ses paroles bienveillantes impressionnaient ceux qui l'abordaient pour la première fois. La vertu reflétée sur toute sa personne inspirait un sentiment de respectueuse vénération. Sa direction aussi fut appréciée dès le principe, mais surtout par les âmes qui désiraient avancer dans le service de Dieu.

Il répandit la pratique de la lecture parmi ses pénitents. Plusieurs lurent avec fruit, sur son conseil, le *Manuel des âmes intérieures* du P. Grou et le *Traité de l'abandon à la divine Providence* du P. Caussade, qui semblaient être alors ses livres préférés. Il avait dans son confessionnal des petites feuilles et il les distribuait. Il avait, en outre, une bibliothèque de livres qu'il prêtait. Ce fut le commencement de l'apostolat qu'il devait exercer un jour par les « Petites Fleurs ».

Peu de temps après son arrivée à Saint-Eustache, l'abbé Bourbonne avait un grand ministère dans la paroisse. Son influence était considérable ; de nombreux fidèles, groupés autour de lui, trouvaient dans sa direction la lumière, la force, la consolation, la vie de l'âme.

Son apostolat s'exerçait encore dans les réunions du soir qui avaient lieu dans la chapelle de la sainte Vierge : le mercredi, (c'était son jour de garde) la chapelle était comble. Il faisait un court entretien et Dieu accordait à sa parole le don de persuader les âmes. Il parlait plus volontiers sur l'abandon et sur la soumission parfaite à la volonté de Dieu. Ce mot « la volonté de Dieu » revenait dans chacune de ses instructions. Comme saint Alphonse de Liguori, il rappelait sans cesse la nécessité de la prière. Dans ses exhortations à la Confrérie de Notre-Dame des Sept Douleurs, il insista bien des fois sur la simplicité de la prière ; sa pensée était de mettre l'oraison à la portée d'un plus grand nombre et de décider les âmes à l'entreprendre ; il cherchait à persuader aussi que l'homme, en s'élevant vers Dieu, se détache plus facilement de la terre et peut en venir à trouver tout en Lui.

L'abbé Bourbonne ajoutait encore au ministère du confessionnal et de la prédication un dévouement universel ; il était toujours disposé à tout et à toute heure. Comme son cœur aspirait sans cesse à donner, sa bouche ne proférait jamais un refus ; au contraire, il prenait les devants et proposait ses services. Il remplaçait volontiers ses confrères. Le demandait-on pour un malade, il partait sur-le-champ ; entendait-il parler d'un pauvre, d'un affligé, il s'écriait : « Si j'allais le voir ! » et dès qu'il avait entrepris une œuvre charitable, il ne l'abandonnait plus à moins d'y être contraint.

Tous les dimanches il portait son pain bénit à quelque pauvre infirme. Cependant des œuvres extérieures si multipliées, tout en répondant à l'instinct de dévouement qui était en lui, ne laissaient pas que de lui être pénibles à cause de son attrait pour le recueillement ; mais sacrifiant tout au devoir et au bien des âmes, il n'hésitait jamais. Rien ne trahissait au dehors l'effort qu'il s'imposait.

Peu à peu l'abbé Bourbonne fut débordé. Les catéchismes, les pauvres, les malades, le confessionnal, la prédication, l'exercice de la charité sous tant de formes, absorbèrent tout son temps. Et quand, le soir venu, il eût pu prendre, après tant de travaux, le repos dont il avait besoin, « il demandait chaque jour la faveur de l'absolution et passait en prière l'heure sainte de la nuit ».

☨

Une vie si remplie fait entrevoir ce que put être la présence de l'abbé Bourbonne parmi les paroissiens de Saint-Eustache. Certes, elle fut un insigne bienfait de Dieu. « Il passa en faisant le bien. » Que pouvait-il encore ? Si la charité vit et s'accroît par chacun de ses actes, ne grandit-elle pas aussi au milieu des difficultés qu'elle surmonte, des périls et des menaces qu'elle brave? L'homme apostolique ne se contente pas du travail et du dévouement journaliers; il sait endurer mille épreuves pour le salut des âmes : il suit son chemin sans épouvante, gardant fidèlement dans son cœur la parole du Maître : « Ne craignez pas ceux qui tuent le corps. » (Matth. XIX.)

Pendant les jours néfastes de la Commune en 1871, les prêtres et les religieux ne purent guère demeurer à leur poste dans Paris qu'en faisant le sacrifice de leur vie.

La paroisse Saint-Eustache traversa des heures pénibles : l'ardent vicaire fut à la hauteur des circonstances.

Les plus jeunes avaient dû quitter Paris pour éviter le service militaire; les plus anciens restèrent, attendant les indications de la Providence. Le jeudi saint, 6 avril, M. le curé de Saint-Eustache était arrêté et, de la Conciergerie, il écrivait à sa nièce : « J'adore, je bénis la main de Dieu qui permet ceci. Je le lui offre en expiation et pour la conversion de ceux de mes paroissiens qui résistent à la grâce de ce carême. Que le bon Dieu touche leurs cœurs! » Le lendemain, 7 avril, vendredi saint, l'abbé Bourbonne fit l'exercice du chemin de la croix à six heures ; le même jour, l'église était momentanément fermée.

Le 8, l'abbé Simon, mis en liberté, revenait acclamé par ses paroissiens. Pendant seize jours des clubs se tinrent dans l'église ; cependant les exercices du mois de Marie eurent lieu, mais sans leur pompe accoutumée. Le 23 mai, des barricades étaient élevées dans le voisinage de l'église, la fusillade se faisait entendre à quelques pas. M. l'abbé Simon, arrêté de nouveau le matin, puis relâché quelques instants plus tard, dut prendre la fuite dans la soirée, parce qu'un mandat d'amener était lancé contre lui.

Après une nuit terrible, les troupes s'emparaient de Saint-Eustache, le 24, à sept heures du matin. Deux prêtres seulement étaient encore au presbytère au milieu de ce danger : MM. Suquet et Bourbonne. Ils installèrent une ambulance dans laquelle ils reçurent dix-neuf blessés. Dans la soirée, le clocher, criblé d'obus, était en flammes, on ne put le sauver de l'incendie ; cependant des efforts furent tentés, et l'on vit l'abbé Bourbonne faire la chaîne et porter des seaux d'eau.

Il avait voulu rester jusqu'au bout, pour ne pas laisser les âmes dépourvues des secours de la religion et pour empêcher, en cas de besoin, la profanation des saintes espèces. Il échappa plus d'une fois au péril d'être arrêté : de pieux amis le recueillirent. Sous le couvert de l'habit laïque, sa charité ingénieuse lui fit accomplir plusieurs bonnes œuvres de circonstance. Un jour il visita une concierge âgée et infirme et, après l'avoir consolée par un bon entretien, il retourna son matelas et fit son lit.

« Le 28 mai, l'armée de France avait achevé sa difficile et incomparable campagne (1). » La paix était rendue à la population de Paris; les églises s'ouvrirent, les offices avaient lieu dans les diverses paroisses; Saint-Eustache reprit vite sa physionomie habituelle. L'abbé Bourbonne revint à son ministère quotidien ; mais de lourdes épreuves en modifièrent singulièrement les conditions.

✠

M. l'abbé Simon lui avait déjà donné la charge de vicaire-sacristain; il la lui adjugea une seconde fois après la Commune. Tout le monde sait en quoi consistent les fonctions de cet emploi. Le prêtre qui y est attaché inscrit les heures et les intentions des messes demandées

---

1. *Saint-Eustache pendant la Commune*, par l'abbé Coullié.

par les fidèles, dresse la liste du service quotidien, centralise toutes les collectes ainsi que les sommes attribuées à la fabrique paroissiale sur les convois et les mariages, pourvoit au matériel de l'église, dirige les employés dans l'accomplissement de leurs fonctions, et, à la fin du mois, remet à chacun son traitement.

La bonne administration des choses dans une paroisse dépend en grande partie du prêtre-sacristain. M. l'abbé Simon ne pouvait assurément mettre ce service entre meilleures mains : l'abbé Bourbonne n'était-il pas le plus consciencieux des hommes ? C'était de la part du vénérable curé une marque d'estime et de confiance envers son vicaire. Mais il ne vit pas combien une telle occupation lui convenait peu, et quel fardeau il allait mettre sur ses épaules. Ce jour-là, il fut, à son insu, un cruel ami. Quoi de plus opposé, en effet, aux goûts et aux aptitudes de l'abbé Bourbonne? Pouvait-on trouver quelque chose de plus inconciliable avec le ministère qu'il exerçait? N'était-ce pas le mettre en demeure d'y renoncer, ce qui eût été impossible, ou lui imposer une surcharge énorme? Obligé de veiller à toutes choses, de répondre à tous ceux qui venaient à la sacristie, il devait rester là ; d'autre part, les âmes réclamaient son ministère. Il faisait donc le trajet de la sacristie au confessionnal, et du confessionnal à la sacristie ; il se hâtait en toutes choses pour ne manquer à rien : c'était un vrai surmenage. Cela fut compris de tous ; seul, M. l'abbé Simon ne s'en rendit pas compte.

Mais une chose échappa au regard des hommes et demeura le secret de Dieu : ce fut la contrainte imposée au pauvre patient. A la contrainte s'ajoutèrent la fatigue et de graves accidents : sa vue, déjà compromise, s'affaiblit à la suite de veilles prolongées, il perdit un œil. Chose incroyable ! on ne s'en aperçut pas alors, parce qu'il ne formulait aucune plainte. Il se contentait de se soumettre et de s'abandonner à la bonne providence de Dieu.

Peu après il fut pris à l'autel de vertiges qui devaient durer, sauf de rares intermittences, jusqu'à la fin de sa vie.

L'abbé Coullié, nommé premier vicaire à Notre-Dame des Victoires, quitta Saint-Eustache. D'autres épreuves survinrent encore, elles comblèrent la mesure.

A partir de ce moment il n'eut plus de sommeil. Il était évident que l'abbé Bourbonne ne pouvait pas aller au delà. Résigné à tout ce que Dieu voulait, n'ayant encore pas dit un mot à qui que ce fût, il se sentait excédé; son départ de Saint-Eustache lui apparut comme une nécessité : il comprit que l'heure était venue de soumettre à qui de droit ses difficultés et sa peine. Il se préparait à le faire quand la divine Providence vint à son secours et disposa de lui.

SECONDE PARTIE

MINISTÈRE A LA VISITATION
1872-1881

CHAPITRE PREMIER

Entrée à la Visitation.

Retraites : à Irreville (1868) ; à la Salette (1869) ; rue de Sèvres (1871).
Rencontre du R. P. Bieuville qui fait connaître
l'abbé Bourbonne à la Visitation.
On le demande comme aumônier. — Luttes.
Démarches de l'abbé Simon. — Instances des Sœurs.
L'abbé Bourbonne est nommé.
1872.

En vertu d'un usage déjà ancien, une retraite a lieu chaque année au séminaire Saint-Sulpice pour les prêtres du diocèse de Paris. Ceux qui n'ont pu y prendre part vont passer quelques jours, soit dans un séminaire, soit dans une communauté religieuse. L'abbé Bourbonne se montra fidèle à cette pieuse pratique, bien avant qu'une ordonnance archiépiscopale l'eût prescrite. Il allait souvent se renouveler dans la solitude : c'était un besoin pour son âme avide de sainteté.

Depuis la retraite de 1852, au petit séminaire de Luxeuil, où il avait dit pour la première fois : « Je veux être saint », cette résolution n'avait fait que s'accroître. Il était de ces « bienheureux qui ont faim et soif de la justice ». L'amour aiguisait en lui le désir d'aimer toujours davantage. Il eût pu être appelé, comme Daniel : « homme de désirs ». Ce n'était pas chez lui une mesquine occupation de soi-même ; sa vue embrassait les âmes : en voulant se sanctifier, il voulait travailler à la sanctification de ses frères. Dans le but de rendre son ministère utile, il contrôlait sévèrement ses actes, signalait ses propres défauts, puis se traçait des règles de conduite. On verra bientôt à quels généreux sacrifices, à quels engagements étroits il ne craignit pas de s'astreindre pour avancer toujours dans la vertu et pour aider les âmes.

✠

En 1868, il passa plusieurs jours auprès de M. le curé d'Irreville et fit sa retraite. Il s'appliqua la parole de saint Paul : « Si je plaisais aux hommes je ne serais pas le serviteur du Christ. »

« Médite bien ceci, se dit-il à lui-même, c'est à moi à faire la loi (ou plutôt à Jésus-Christ en moi), et non à la recevoir !... Laisser pleurer au besoin !... M'inspirer de la vie et de la doctrine de Jésus-Christ.

« Docilité à la grâce dans les plus petites choses. Vivre uni à Notre-Seigneur dans les intentions et les actes. Union dans l'oraison, à la sainte Messe, au saint Office. La trop grande activité de nature est le plus grand obstacle à cette union...

« Donc, beaucoup de repos, tout y gagnera : ce sera du reste une bonne mortification.

« Oh ! combien je sens que Jésus est le meilleur ami de l'âme ! je le choisis comme unique confident, Protecteur et Père ; mon livre, mon refuge, mon Sauveur, auquel je veux obéir et que je veux uniquement connaître...

« Savoir Jésus et Jésus crucifié ! »

Puis il écrit avec soin les conseils donnés par le vénérable M. Courtois : « Savoir se borner, renvoyer ou laisser s'éloigner les personnes ; — régler les occupations ; — éviter toute scrupuleuse inquiétude ; ne pas trop charger le corps et prendre le repos du soir reconnu nécessaire. »

Il termine en renouvelant ses résolutions et ses vœux ; car depuis longtemps déjà, il s'est lié à la Sainte Vierge d'une manière très spéciale. Il confie tout à sa Mère du ciel.

En 1869, il gravit de nouveau sa chère montagne de la Salette. Là, il fut frappé d'un mot de Pie IX qui demandait aux âmes religieuses de prier pour les prêtres. Cette inspiration lui reviendra plus tard; elle commandera les dernières années de sa vie.

En examinant sa conduite, il écrit :

« Je dois traiter délicatement les âmes... Plus d'idées propres, plus de brusqueries... il y a dans mes pratiques de vertu quelque chose d'âpre, de forcé, défaut de coopération à la grâce... la nature vit et agit... »

En 1871, l'abbé Bourbonne fait sa retraite chez les RR. Pères Jésuites, rue de Sèvres. En quelques pages nourries et serrées, il parcourt les Exercices et les Commentaires.

Cette retraite se rattachait d'ailleurs à une rencontre providentielle.

Le R. P. Bieuville, de la Compagnie de Jésus, avait conçu le pieux projet des retraites sacerdotales. Il se proposait d'ouvrir une maison où les prêtres pourraient passer quelques jours dans la prière, en faisant ensemble les exercices sous la direction d'un Père. Après avoir obtenu l'assentiment de ses supérieurs, il avait soumis sa pensée à Mgr l'Archevêque, qui avait daigné l'agréer et la bénir. Muni de ces permissions, le R. P. Bieuville allait, en toute simplicité, frapper à la porte de plusieurs prêtres dont on lui avait indiqué les noms : il exposait son projet et se retirait sans avoir fait aucune instance. Il semblait dire, comme le Sauveur, dans la proposition des conseils : « Si quelqu'un a des oreilles pour entendre, qu'il entende ! » L'abbé Bourbonne fut un des premiers auxquels il s'adressa : on devine quel accueil il dut recevoir et quel écho ses désirs rencontrèrent dans cette âme sacerdotale.

Ce fut le commencement d'une liaison qui s'établit entre eux, et des fréquentes visites de l'abbé Bourbonne à la rue de Sèvres, à Vaugirard, à Gagny, à Clamart ; ce fut aussi le fil conducteur de son entrée à la Visitation.

✠

M. l'abbé de Bonfils exerçait, depuis longtemps, les fonctions d'aumônier au premier monastère de la Visitation. Âgé et infirme, il n'y venait plus qu'avec peine : tout annonçait qu'il faudrait lui donner bientôt un successeur. La communauté adressa au Seigneur d'ardentes supplications dans le but d'obtenir un homme de Dieu. Pendant le temps du siège et de la Commune, bien des prières et des pénitences furent faites à cette intention. Au commencement de l'année 1872, unies dans une même pensée, les Sœurs renouvelèrent leurs instances et s'adressèrent à saint François de Sales et à sainte Jeanne-Françoise de Chantal, fondateurs de la Visitation. C'était sagesse : tout don ne vient-il pas d'en haut? C'était sans doute une inspiration céleste : celui qui exauce nos demandes, n'est-il pas celui qui nous pousse à les lui adresser? Et l'heure de la prière n'est-elle pas déjà l'heure de la grâce?

Le 29 janvier 1872, fête de saint François de Sales, le R. P. Bieuville, confesseur extraordinaire de la communauté, informé de ses besoins, vint parler à la Révérende Mère Supérieure de l'abbé Bourbonne. Il lui fit connaître son esprit, ses vertus, ses aptitudes ; il lui dit aussi qu'il ne serait peut-être pas difficile de l'obtenir à cause de la peine extrême où il se trouvait à Saint-Eustache. La Révérende Mère prit bonne note de tous ces renseignements; elle ne put y donner suite, parce qu'un aumônier nommé depuis quelques jours allait entrer en fonction au commencement de février. Mais celui qui avait désiré ce ministère déclara, après trois semaines, qu'il n'était pas à sa place et que ce poste ne convenait ni à ses aptitudes ni à sa santé.

La Providence n'ouvrait-elle pas la voie? On pensa tout de suite à l'abbé Bourbonne.

Des témoignages nouveaux vinrent s'ajouter à celui du P. Bieuville; des lettres de direction, écrites par l'abbé, le révélèrent plus complètement; on comprit tout ce qu'on pouvait attendre de son ministère. Une demande fut adressée sans délai à l'Archevêché; le monastère se mit de nouveau à la prière et à la pénitence, une neuvaine fut faite à saint François de Sales : deux fois l'abbé Bourbonne se présenta pendant qu'on récitait les litanies du saint. On le vit au parloir, et son passage laissa à toutes la joie et l'espérance… Enfin il fut nommé.

Les Sœurs pouvaient maintenant se réjouir : leurs prières avaient été entendues; elles remerciaient Dieu et bénissaient celui qui allait venir en son nom. Hélas! tout n'était pas fini; la nomination à peine faite fut aussitôt cassée.

Que se passait-il donc? Quelle était la cause de ce revirement subit? Quoi qu'il en fût, il était évident qu'un obstacle invisible, une main cachée s'opposait au désir des Sœurs.

Comme une grande grâce s'achète à grand prix, toute la communauté comprit qu'il fallait faire un suprême effort. « Il nous semblait, disaient les Sœurs, que nous allions perdre un bien immense. »

Alors une vraie lutte s'engagea. On s'était adressé à Dieu et aux Saints du ciel. La Mère Supérieure écrivit à Mgr l'Archevêque, au grand vicaire, enfin à M. le curé de Saint-Eustache, parce qu'on supposait, non sans cause, que l'obstacle venait de lui.

✠

De son côté, M. l'abbé Simon était loin de rester inactif. Il n'acceptait pas la pensée de voir partir un auxiliaire aussi précieux, un homme qu'il avait aimé comme un fils. Voulant agir sans entrave, et pour écarter l'abbé Bourbonne du théâtre de la lutte, il le pria d'aller passer quelques jours en Normandie, chez l'abbé Courtois. Il put alors faire à l'aise ses démarches et mettre en œuvre tous ses moyens.

Au milieu de ce débat, l'abbé Bourbonne s'abandonna, comme toujours, entre les mains de Dieu. Sommé de faire connaître sa pensée, il déclara clairement que son goût l'appelait à une vie plus paisible et qu'il laissait la décision à ses supérieurs.

Pendant plusieurs jours les choses demeurèrent dans une incertitude douloureuse.

Le 28 avril, l'adoration perpétuelle commençait au monastère de la Visitation : la Révérende Mère Supérieure écrivit à Notre Sei-

gneur une petite lettre ainsi conçue :
« Choisissez-nous vous-même un saint aumônier selon votre cœur et digne de nos saints fondateurs ; et, si celui que nous avons en vue remplit les conditions, veuillez écarter les obstacles s'opposant à nos désirs. » Cette lettre fut placée dans le pied de l'ostensoir, elle y resta pendant trois jours et trois nuits.

La réponse ne se fit pas attendre. Le 1er mai, un avis officieux, donné par M. l'abbé Bayle, annonçait que l'abbé Bourbonne était accordé en qualité d'aumônier. Quelques heures plus tard, M. l'abbé Langénieux confirmait la bonne nouvelle en ces termes :

« J'ai tardé à vous répondre pour connaître la décision du conseil au sujet du pieux abbé que vous disputait le curé auquel vous le ravissez. Vos prières ont touché le cœur de notre bon Maître, qui vous fait, par les mains de votre archevêque, un de ces rares présents si bien loués par saint François de Sales : un confesseur plein de science et de vertu. Je vous en félicite et j'en espère pour vous les meilleures bénédictions. »

Cette fois la cause était gagnée sans retour. En vertu d'un mot prononcé par l'autorité, le vicaire était devenu l'aumônier, l'abbé Ange

Bourbonne était désormais l'ange du premier monastère de la Visitation : de longs efforts, des délais pénibles, une lutte douloureuse avaient précédé cette nomination. Comme le fils de la femme, les œuvres divines naissent dans la douleur! Mais aussi quelle fut l'allégresse et la reconnaissance des Sœurs! Dieu les avait regardées dans sa miséricorde... L'arrivée de l'abbé Bourbonne n'était-elle pas une grâce? ou plutôt n'était-elle pas le premier anneau d'une chaîne de grâces qui devait se prolonger pendant dix-huit ans? Quand des âmes religieuses viennent à rencontrer, pour les aider dans leur vocation, un prêtre détaché de la terre, embrasé de l'amour divin, orné de toutes les vertus, capable d'éclairer les consciences et de les diriger sûrement ; quand elles acceptent avec droiture et simplicité tant de grâces attachées à un tel ministère, l'arrivée de ce prêtre est un événement, et son passage fait époque dans l'histoire d'une communauté.

✠

Tandis que la joie était grande à la Visitation, Saint-Eustache était dans le deuil.

L'abbé Bourbonne y avait vécu huit années comme un père au milieu de ses enfants; il avait donné chaque jour l'exemple des plus belles vertus; un dévouement inépuisable et de tous les instants l'avait mis au service de tous ; maintenant il s'en allait!... Les fidèles comprirent l'étendue de cette perte. Le départ d'un homme de Dieu laisse derrière lui une traînée lumineuse et un délicieux parfum, mais il creuse un vide que rien ne comble pendant longtemps. Que de regrets il y eut encore parmi ses fils spirituels, les enfants de son ministère! Plusieurs le suivirent jusqu'à la Visitation. Pendant quelques années les dames de la Halle lui portèrent un bouquet le jour de sa fête.

Une douleur surpassa toutes les autres. Les paroissiens de Saint-Eustache appelaient l'abbé Couillé et l'abbé Bourbonne, les deux anges de M. Simon. Or, l'un venait à peine de partir, et l'autre allait déjà le quitter.

Le digne curé en ressentit un chagrin extrême : ne pouvant le contenir, il disait hautement devant ses vicaires qu'on lui avait tout enlevé et qu'il n'avait plus personne. Il était âgé; un mal secret le minait; n'ayant plus d'ailleurs la pensée de chercher quelque part un nouvel appui, il était tout à sa peine. Et pourtant, n'avait-il pas posé lui-même la cause de ce départ? n'avait-il pas été l'instrument inconscient des desseins de Dieu? Son affection voulait retenir celui qu'il appréciait à si juste titre ; mais, d'autre part, n'avait-il pas signé sa feuille de route ? Fidèle à l'amitié et au dévouement, il aima l'abbé Bourbonne jusqu'à la fin ; son mandat auprès de lui était accompli.

Il y a, dit le poète, des larmes en toutes choses. Combien cela est surtout vrai pour les choses qui finissent ! Le jour s'éteint dans l'ombre du soir : la carrière terrestre de l'homme s'achève dans des séparations douloureuses ; toute entreprise humaine se termine par un adieu. L'abbé Bourbonne avait le cœur trop noble pour manquer jamais à la reconnaissance ; il ne put pas ne pas voir ce qu'il y avait de larmes à côté de lui. Il donna encore son concours à la première communion des enfants de Saint-Eustache : on tenta vainement ensuite de le retenir ou de l'impliquer dans les œuvres paroissiales. Il partit, bien convaincu qu'il répondait à la volonté divine.

Peu de temps après, le vénérable M. Simon mourut. Cette séparation n'avait-elle pas hâté son dernier jour ? Elle fut assurément, pour ce généreux serviteur de Dieu et des âmes, un de ces brisements qui consomment le détachement et qui font quitter plus facilement la vallée des larmes.

CHAPITRE DEUXIÈME

Les débuts.

Le premier monastère de la Visitation.—Joie de l'abbé Bourbonne.
Il étudie les choses de la Visitation.
L'abbé Bourbonne à l'autel : sa religion.

Le premier monastère de la Visitation de Paris remonte à l'origine même de l'Institut. Annecy en avait été le point de départ et le berceau. En 1615 une seconde fondation s'était faite à Lyon, sur la demande adressée à saint François de Sales par le cardinal de Marquemont, archevêque de cette ville.

Peu après, sainte Jeanne-Françoise de Chantal, à peine remise d'une maladie de langueur, étendait son ordre à Grenoble et à Bourges. Elle vint ensuite à Paris dans une pauvre maison du faubourg Saint-Michel, où ses filles, dépourvues de meubles et de toutes ressources, endurèrent la faim et le froid ; couchées dans un grenier, sur des fagots, le matin les trouva plus d'une fois couvertes de neige. La sainte fondatrice gouverna cette héroïque communauté pendant trois ans, de 1619 à 1622. Les Sœurs furent transférées plus tard dans la rue Saint-Antoine, où elles demeurèrent jusqu'à la Révolution. Dispersées pendant la tourmente, elles se réunirent en 1807 et, après avoir changé plusieurs fois de résidence, acquirent en 1841, rue d'Enfer-Saint-Michel, une propriété qui avait appartenu aux missionnaires de France. C'est là qu'elles sont encore aujourd'hui.

Ce monastère compte quatre-vingts religieuses : plusieurs fondations en sont sorties, souvent aussi d'autres communautés lui empruntent leurs supérieures.

Un pensionnat lui est annexé, et les enfants vivent dans la clôture.

☩

Telle était la nouvelle famille spirituelle de l'abbé Bourbonne. En entrant à la Visitation, il arriva au port, il put dire : « Voici le lieu de mon repos. » Gravigny lui avait donné, avec la paix de la retraite, un ministère cher à son cœur; mais son zèle avait été comprimé. Saint-Eustache avait ouvert une large carrière à son dévouement ; mais des occupations trop matérielles, l'encombrement des choses et l'absence de solitude l'avaient épuisé : affamé de prière et doué d'une prodigieuse activité, il avait un égal besoin de recueillement et d'apostolat. Il trouva, pour la première fois, l'un et l'autre à la Visitation.

« Le Seigneur nous conduit. » Dans le court pèlerinage de cette vie, un homme traverse des phases diverses et accomplit plusieurs étapes. Mais que fait-il en réalité? Il marche sous le regard et sous l'action de Dieu qui le mène avec mesure et par degrés, au vrai travail de sa vie. Pour la nature, la moisson vient dans l'été; pour l'homme, l'été c'est l'âge mûr. L'abbé Bourbonne avait alors trente-neuf ans; il avait grandi en science, en vertu, en sagesse; la vie du ministère, en lui révélant le péril des âmes, lui faisait mieux apprécier l'importance d'une vocation qui a pour but de les sauver par la prière et par le sacrifice.

« Ministère incomparable, ministère méconnu des gens du monde, que celui du prêtre auprès des âmes vouées à la vie religieuse dans le cloître! Aider, éclairer, sanctifier les âmes adonnées par vocation à la prière et à la pénitence, susciter ces dévouements obscurs, ces sacrifices silencieux dont Dieu seul est le témoin, provoquer des efforts ignorés vers la perfection, entretenir la flamme divine de l'amour de Jésus-Christ et de son Église, n'est-ce pas travailler de la manière la moins visible peut-être, mais certainement la plus efficace, à la sanctification des âmes et à l'avènement du règne de Dieu sur la terre? Quand le voile du temps se déchirera et que la vérité nous apparaîtra dans sa clarté lumineuse au jour du jugement, on verra alors la puissance de ces âmes cachées, de ces humbles religieuses, qui ont joint les mains en priant pour tous devant le saint tabernacle et au pied du crucifix (1). »

Ce fut une vraie joie pour l'abbé Bourbonne de se consacrer à de telles âmes et de n'avoir plus à s'occuper que des choses spirituelles. « Je me suis surpris, dit-il un jour, tressaillant de bonheur sur mon prie-dieu, me disant : Est-ce bien toi, pauvre homme qui es ici? » Il déclara que son saint ami l'abbé Courtois ne désirait rien tant pour lui que la vie cachée.

Un jour, pendant un entretien avec la communauté, il fit aussi l'aveu de son bonheur : « Je suis si heureux dans ma pauvre chapelle, que je ne porte envie à aucune de ces cathédrales où tout se fait avec tant de pompe : je ne souhaite que de servir vos âmes toute ma vie, si Dieu m'en fait la grâce. »

---

1. M. Caillebotte, *Sem. rel.*

Il avait déjà fait paraître une petite feuille sur l'abandon. On put juger bien vite qu'il n'appartenait pas à la terre et qu'il était entièrement dévoué à Dieu et aux âmes. Ses paroles le montraient bien. « Qu'il fait bon, disait-il, de vivre ainsi en enfant abandonné, en âme dégagée, n'aimant que la volonté de notre Père des cieux!... Donnons-nous à Dieu, pour être le sujet de son bon plaisir.... » Mais ses actes et sa conduite de tous les jours le manifestaient plus encore. Dès le début, toutes les Sœurs eurent une haute idée de sa vertu.

A l'époque des vacances, le nouvel aumônier alla visiter sa Mère du ciel à la Salette, pour mettre son âme et son ministère sous sa puissante protection. Il eut aussi, dans une de ses courses, la joie de ramener à Dieu un de ses grands-parents. Cette conversion lui avait demandé beaucoup d'efforts; il avait écrit lettre sur lettre, il avait fait six ou sept fois le voyage de Paris à Bar-sur-Seine. Enfin, vaincu par tant d'instances, le malade accueillit le prêtre et reçut les derniers sacrements.

✠

Au mois de septembre, les filles de saint François de Sales ont coutume de faire la retraite annuelle. L'abbé Bourbonne reprit alors son ministère ; mais il sentit que, pour le remplir avec compétence, il lui fallait étudier les choses de la Visitation.

Les instituts religieux sont nombreux : leur diversité est destinée à répondre aux besoins de l'Eglise, à donner satisfaction aux attraits des âmes, à réaliser tous les conseils ; enfin elle est l'ornement et la beauté de l'Église qui, selon le mot de saint Bernard, est « une unité multiple » et « une reine entourée de variété » (1).

La connaissance du Carmel ne devait pas suffire à l'aumônier de la Visitation.

On sait que ce dernier ordre fut fondé en 1610, par saint François de Sales, en vue d'honorer la vie cachée de Notre-Seigneur par l'imitation de sa douceur et de son humilité. Comme il devait ouvrir ses portes à des personnes âgées et de complexion faible, il ne prescrit pas d'austérités d'obligation ou de coutume générale. Le saint Fondateur voulait « que la ferveur de la charité et d'une intime dévotion suppléassent à cela. Cette dévotion, disait-il, doit être puissante, courageuse, relevée, universelle ; car la congrégation est une

---

1. Ps. XLIV, 11.

école de l'abnégation de soi-même, de la mortification des sens, de la résignation de toutes les volontés humaines et, en somme, un mont du Calvaire où, avec Jésus-Christ, ses chastes épouses doivent être crucifiées spirituellement pour, après cette vie, être glorifiées avec lui. »

Les Visitandines ne se consacrent pas aux œuvres actives ; elles sont « des âmes intérieures dont toute la vie est de s'unir avec Dieu et d'aider par prières et par bons exemples, la sainte Église et le salut du prochain ». Elles sont cloîtrées. Leurs constitutions ont été approuvées par Paul V, Urbain VIII et Clément XI.

Saint François de Sales avait aussi donné à ses filles pour blason un cœur percé de flèches, surmonté d'une croix et environné d'une couronne d'épines, et il leur avait prédit que « si elles étaient bien humbles et bien fidèles à Dieu, elles auraient le Cœur de Jésus pour demeure en ce monde ». La prophétie du bienheureux Père fut réalisée. Fidèles à Dieu et à leurs règles, n'ayant jamais besoin d'aucune réforme, elles reçurent, dans la personne de la Bienheureuse Marguerite-Marie, ce précieux trésor et la mission de le révéler aux hommes.

Voilà ce qu'est la Visitation. L'abbé Bourbonne en fit l'étude plus complète dans les Constitutions, les écrits de saint François de Sales et de sainte Jeanne Françoise de Chantal. Son âme s'ouvrit aussi à la dévotion au Sacré Cœur de Jésus, auquel il se voua plus tard comme victime.

Ces généreux efforts mirent son ministère en parfaite harmonie avec les besoins des âmes auxquelles il s'adressait. Sa direction et ses instructions s'en ressentirent. On le vit aussi modifier, dans son allure, ce qui pouvait n'être pas conforme aux habitudes du lieu. Il montait d'abord rapidement l'escalier qui mène au confessionnal. Dès qu'il l'eut remarqué, il se mit à marcher si doucement qu'à peine on l'entendait.

☦

Une chose surtout s'imposa aux regards de ous ; ce fut la religion profonde de l'abbé Bourbonne, particulièrement dans la célébrations des saints mystères.

« Le sacrifice de la messe est le prodige le plus merveilleux que la toute-puissance divine ait jamais opéré (1). » « L'Eglise catholique n'a

---

1. St Léonard de Port-Maurice.

rien de plus grand et de plus central dans son culte que l'oblation du corps et du sang de Jésus-Christ, sous les espèces du pain et du vin (1). »

La célébration du saint sacrifice est évidemment l'acte principal, le plus éminent et le plus fécond du ministère sacerdotal. « J'enivrerai et j'engraisserai l'âme des prêtres, et mon peuple sera tout rempli de mes biens, dit le Seigneur (2). » Là, le prêtre, représentant de Jésus-Christ, est médiateur avec lui : « il se tient debout entre Dieu et la nature humaine » (3). Mais il doit entrer dans l'esprit de cette divine médiation.

L'abbé Bourbonne eut le rare bonheur d'avoir une foi vive, qui le prenait tout entier. Il faisait toujours passer dans ses œuvres ce qui était dans son cœur : la vérité le commandait en maîtresse souveraine. Frappé de la grandeur du sacerdoce et du divin pouvoir mis entre ses mains, il montait à l'autel pénétré de la sublime fonction qu'il allait remplir ; il s'y tenait comme un ange et accomplissait les cérémonies prescrites avec une dignité céleste.

1. Mgr Lecourtier. *La Messe*, ch. I.
2. Jérémie, XXXI, 14.
3. St Jean Chrysostome. *Homélie* I, in Joan.

Il était véritablement « sur la montagne sainte et dans le secret de la face du Seigneur ». Les indifférents ne pouvaient le voir sans émotion.

Il obtint plus d'une fois au saint sacrifice des grâces pour les âmes dont il était chargé ou qui s'étaient recommandées à ses prières. On lui soumit un jour une affaire difficile : à l'issue de la messe il indiqua la solution.

C'était pour lui une fête de donner la sainte communion. Si on la lui demandait avant ou après la messe, il s'y prêtait avec empressement. Chaque année à Noël, à la messe de minuit, il versait des larmes de joie.

Combien il s'attristait lorsqu'il voyait des fidèles quitter la chapelle sans avoir fait l'action de grâces après la communion! « J'aurais, disait-il, la tentation d'accompagner ces personnes avec un flambeau, puisqu'elles portent encore Notre-Seigneur. »

Son respect pour la sainte Eucharistie le porta un jour à un acte héroïque : Une personne qui venait de faire la sainte communion, fut prise d'une indisposition subite ; elle rejeta la sainte hostie dans la cour de la chapelle : l'abbé Bourbonne, averti, sortit aussitôt et, se prosternant, absorba sans hésiter tout ce qui semblait contenir une parcelle sacrée.

Quelle que fût sa fatigue il ne manqua pas de dire la messe.

Pendant les grands jours de la semaine sainte, il ne céda jamais à personne les fonctions de l'autel, même lorsqu'il fut accablé par la multitude des confessions. Le samedi saint, après la lecture des prophéties, le chant de l'*Exultet* et les litanies des saints, la grand'messe et l'alleluia lui donnaient la joie du ciel.

Sa piété n'était pas moins grande envers Jésus-Christ présent au sacrement de l'autel. Au temps de l'adoration perpétuelle, il passait une partie de la nuit à l'église et ne se retirait qu'à regret, lorsque l'heure avancée l'y obligeait. Il revenait plusieurs fois dans le jour ; et lorsqu'il se rendait au confessionnal, la génuflexion qu'il faisait devant l'autel manifestait aux fidèles sa foi et son amour.

Tout ce qui concerne le culte était l'objet de son attention : plein de zèle pour la maison de Dieu, il aimait la beauté du temple saint. Rien ne lui semblait trop beau pour l'ornement de l'autel, « il eût voulu avoir tous les jours un calice de diamant pour contenir le sang de Notre-Seigneur ». Sa vigilance s'étendait à tous les détails. Au triduum en l'honneur du deuxième centenaire de la bienheureuse Mar.

guerite-Marie, son dernier mot, au guichet de la sacristie, fut l'expression du bonheur que lui causaient les brillants préparatifs : il ne devait, hélas! pas voir cette fête.

Enfin il apparut à tous, dès les premiers jours, que l'abbé Bourbonne était un homme de Dieu, un prêtre d'une grande religion. Sans doute l'œuvre de son ministère devait s'accomplir avec le temps; mais n'attirait-il pas déjà les bénédictions divines sur les âmes qui lui étaient confiées? On le pensa et l'on vit dans ce précieux commencement le gage d'un heureux avenir.

CHAPITRE TROISIÈME

Années 1873, 1874, 1875.

Année 1873 : Manifestation à Paray-le-Monial ; l'abbé Bourbonne
y prend part ; retraite à Gagny.
Année 1874 : Développement spirituel ; retraite à Vaugirard.
Année 1875 : Consécration au Sacré-Cœur faite par Pie IX ;
Concours à la chapelle de la Visitation ;
Premier vendredi du mois et garde d'honneur ;
Mois du Sacré-Cœur ; apostolat de l'abbé Bourbonne ;
Son amour pour les âmes.

Aucun événement important ne signala la première année du séjour de l'abbé Bourbonne à la Visitation : sa grande piété répandait l'édification ; le zèle qu'il mit à s'acquitter de ses fonctions le fit estimer, et peu à peu les âmes se sentirent attirées vers lui.

Mais il entrait dans les desseins de la divine Providence d'enrichir la vie de son âme par de nouveaux dons : la grâce divine l'avait fait serviteur de la Reine du ciel dès sa tendre enfance, elle lui donna encore d'être l'amant et l'apôtre du Sacré Cœur de Jésus.

✠

De grandes manifestations eurent lieu dans le cours de l'été 1873.

Le 29 juin, des milliers de pèlerins étaient rassemblés à Paray-le-Monial : cinquante députés, venus avec bannière et décorations, étaient reçus à la chapelle de la Visitation par l'évêque d'Autun; après la communion, M. de Belcastel lisait, au milieu de l'émotion générale, un acte de consécration et d'amende honorable; Mgr de Leséleu, sans adresser aucun remerciement, prenait acte de cette consécration et de cette amende honorable en réparation des fautes accumulées par la France depuis quatre-vingts ans. A dix heures, la foule allait, en procession solennelle, à l'autel préparé dans la grande avenue de Charolles, où Mgr l'archevêque de Tours célébra la messe. Enfin, une troisième manifestation se produisit le même jour : il y eut dans l'après-midi une seconde procession : un discours prononcé par l'abbé Besson souleva des applaudissements enthousiastes. Les députés essayèrent, en vain, de se soustraire à la foule pour se rendre à la gare, ils furent reconnus et acclamés aux cris de : Vive le Sacré-Cœur! Vive Pie IX! Vive la France! Vive l'Assemblée nationale! M. Chesnelong répondit par un mot qui confirmait l'acte accompli le matin.

Cette manifestation en l'honneur du Sacré-Cœur et de la bienheureuse Marguerite-Marie n'intéressait-elle pas au plus haut point le premier monastère de la Visitation de Paris? La communauté voulut y prendre part et choisit le nouvel aumônier comme représentant et interprète de ses vœux. La chapelle de Paray fut remplie par un flot de pèlerins de cinq heures du matin à huit heures du soir : l'abbé Bourbonne ne quitta pas le sanctuaire et partagea son temps entre la prière et les services qu'il put rendre : on le vit se mettre à la disposition des fidèles, répondre à leurs questions, distribuer les scapulaires du Sacré-Cœur.

Mais autant que les circonstances le permirent, fermant les yeux à toutes choses, caché derrière l'autel, il fit bonne garde auprès de Notre-Seigneur. Il revint de ce pèlerinage enflammé d'un nouveau zèle ; dès lors il aima plus ardemment le Cœur de Jésus et résolut de travailler à le faire connaître.

Il en rapporta aussi un besoin de renouvellement spirituel et de pureté. Dans une retraite qu'il fit au mois d'octobre à Gagny, il ne put former une autre pensée ni s'arrêter à une autre conclusion. « Oh! s'écriait-il, que l'âme, pour s'unir à Dieu, a besoin de se purifier! Qu'elle aurait honte de paraître en sa sainte présence si elle voyait la vérité!... Si, en quittant le corps, elle n'est pas purifiée parfaitement, elle sent l'immense besoin et la très grande miséricorde du purgatoire... Et l'on prétendrait s'unir à Dieu plutôt que de se purifier!...

« O mon Dieu, donnez-moi la crainte et l'amour; la crainte même par l'amour! »

« Un grand respect, un grand désir : voilà ce qui doit nous faire commencer nos oraisons. Ainsi étaient les saints et c'est pour cela qu'ils étaient vite touchés de Dieu. »

L'abbé Bourbonne demeura sous l'impression de la crainte divine pendant tout le cours de cette retraite; mais la crainte n'est-elle pas un don du Saint-Esprit? et pourquoi Dieu remue-t-il la terre de nos âmes sinon pour la rendre féconde?

La crainte de Dieu est le commencement de la sagesse : n'est-elle pas aussi le support de tout l'édifice de la perfection? Elle est nécessaire à l'âme même dans les états les plus relevés de la vie spirituelle; et « les conversions commencées par le seul sentiment ne tiennent pas, si cette heureuse crainte, sous une forme ou sous une autre, ne vient protéger l'âme contre la versatilité, l'indifférence et l'orgueil » (1).

Le juste, sous l'impression de la crainte, renouvelle ses voies : c'est le pécheur repentant qui ne veut plus pécher; c'est le novice scrupuleusement attentif à chacun de ses devoirs; c'est l'enfant qui veut conquérir, par les nombreux témoignages de la fidélité, le sourire d'un père offensé. La crainte engendre aussi l'humilité : « Or, nulle vertu ne prépare autant l'âme au véritable amour et à l'union avec Dieu (2). » Si l'homme s'abaisse, Dieu l'exalte jusqu'à Lui.

Voilà ce que Dieu fit alors dans l'âme de l'humble aumônier. Cette retraite précédait immédiatement un *triduum* de réparation qui eut lieu à la Visitation les 15, 16 et 17 octobre, à l'époque de la fête de la bienheureuse Marguerite-Marie : retraite féconde qui fut comme un nouveau commencement posé par la divine Providence au moment où elle allait élargir le ministère de son prêtre, et une semence bénie qui porta des fruits rapides.

1. Dom Guéranger. *Instit. monast.*, III.
2. Id.

✠

L'année suivante le retrouva en effet à Vaugirard. Poussé par l'Esprit de Dieu, il adressa au Seigneur cette prière du Psalmiste : « *Averte oculos meos ne videant vanitatem!* — Détournez mes yeux afin qu'ils ne voient pas ce qui est vain. »

Cette fois le mot de la grâce fut : la vigilance sur les regards. Sa pureté ne devait-elle pas s'accroître ? Il sentit le besoin de se séparer du monde, de fermer les yeux à toutes choses, de trouver le royaume de Dieu au dedans de lui-même.

« Je sais que la vigilance des regards doit être pour moi un des points les plus essentiels. La présence de Dieu, la mortification, l'oraison facile, l'éloignement des tentations en seront quelques-uns des fruits ; ce sera peut-être ma seule résolutionet le point de mon examen pendant toute l'année. »

Il gémit en jetant un regard sur les retraites précédentes : « Toutes, ces vérités, je les vois plus fortement, avec un désir plus intime et aussi une humiliation plus profonde d'avoir si peu suivi ces vues et ces résolutions… O pitié ! mais espérance ! »

Il pose à son âme la question des pénitences

extérieures, dont il ne voit pas l'opportunité pour le moment.

« Je ne me sens pas porté aux pénitences extérieures. Peut-être est-ce paresse? Peut-être ai-je auparavant mis de l'amour-propre dans cet usage? Par l'avis de mon directeur je saurai la mesure. Pour le moment, je ne fais rien…, l'Esprit-Saint me porte beaucoup à la paix, à la possession de Dieu, à la componction qui m'a fait verser d'amères larmes au souvenir de tant de péchés passés…, abus si insultant pour Dieu de la part d'un néant pécheur, de cette âme ingrate qui, tant de fois préservée de l'enfer, enrichie de grâces si nombreuses, si intimes, est demeurée cependant toujours pleine de l'amour d'elle-même… O bonté de Dieu!… O amour!… Oui, il faut le regret, il faut la douleur, il faut la réparation, il faut le ferme propos. »

Il sent le besoin du calme, du recueillement :

« J'éprouve le besoin de reposer mon âme et tous mes sens dans la paix et la plénitude de Dieu. Alors j'écoute ce qui est dit, je le repasse ou je lis sans efforts les points de méditation ; puis je me livre à Dieu, à Notre-Seigneur, à la très sainte Vierge par manière de doux repos, de colloque ou de simple regard, sans chercher d'effort ou de secours à mon âme... Je dois éviter toute fatigue qui n'est pas dans l'ordre du devoir même sous prétexte de mortification. Le calme et l'équilibre de mon âme, la possession de moi-même et de Dieu valent mieux que les pénitences extérieures ; je constate que, sous ce rapport, j'ai plus suivi la nature, le scrupule, le manque de confiance en Dieu que la vraie mort à moi-même et la volonté de Dieu. »

« Par ce calme prolongé en esprit de prière, je sens combien mon âme se renouvelle et se fortifie. Tout ce pauvre être en a besoin. Si, dans la vie passée, je vois tant de fautes habituelles provenant de l'activité naturelle, je puis les attribuer presque toujours à ce que le physique auquel l'âme est si liée, a été surmené ; qu'il n'y a pas eu mesure, pondération. C'est bien humiliant de dépendre ainsi de ce serviteur exigeant ; mais c'est sagesse de le faire servir aux desseins de Dieu, en le rendant utile à l'âme plutôt que d'en faire un fardeau inepte. O Seigneur, donnez-moi la prudence pour agir ! »

Voici ses pensées au sujet des deux étendards et des trois classes (1). « Mais je veux

1. Exercices de St Ignace

suivre mon Maître, Roi et légitime Bienfaiteur, qui ne veut que mon bien, qui me présente sa vie... Je me livre à Lui pour pratiquer toute vertu et suivre toute vocation que son bon plaisir voudra pour moi... Je m'attache à sa fortune, je veux vivre et mourir comme Lui et avec Lui... Maître, je vous suivrai partout où vous irez!... O Mère de grâce, ô douce Marie, daignez me faire accepter. »

« Je ne puis pas être du nombre de la première classe; ceux-ci ne veulent pas... Je ne puis me contenter non plus de me défaire de l'affection seulement, tout en gardant la chose, il faut donner l'arbre et les fruits... Tout à Dieu, et non une partie : donner tout pour tout. Il faut que je quitte les choses plutôt que les choses ne me quittent, et pour cela passer à la troisième classe; être disposé à prendre ou à laisser ce que je verrai le plus dans le bon plaisir de Dieu; et demander immédiatement le contraire de mon affection ou de ma répugnance... Oui... oui... oui... »

Il termine :

« O Seigneur Dieu, vie de ma vie, lumière de mes yeux, âme de mon âme, cœur de mon amour, centre de mon être, tout de mon rien, mon Sauveur et mon vrai Seigneur, usez de ce petit serviteur indigne et de cet enfant abandonné... Oui, par vous, je veux être purifié, éclairé, fortifié, transformé. Que tout en moi, jusqu'à mes misères, vous soit louange, service, sacrifice, prière et éternelle reconnaissance. Mais j'ai soif que vous régniez de plus en plus en moi et dans toutes les âmes!... *Sitio! Sitio! Veni Domine Jesu!... Adveniat regnum tuum!* »

« Non, je ne veux plus être un de ces cœurs fades, comme parle sainte Chantal, que Notre-Seigneur craint de martyriser de peur qu'ils lui échappent!... Je dois agir comme si mon esprit était déjà au ciel et mon corps dans le tombeau... selon une belle parole de saint François de Sales. Et dans ce sens, dans cette mort à ma vie propre, dans cette conviction que, comme pécheur, j'ai perdu le droit de me servir des créatures dont j'ai tant abusé, et comme résolution principale et conclusion de ma retraite : *Je ne porterai aucun regard inutile volontairement.* Ce sera l'objet de mon examen particulier avant tout autre sujet, pour honorer la modestie de Jésus-Christ... Cette pratique m'aidera à garder les autres sens, les puissances de mon âme en présence et sous l'action du Maître intérieur sans lequel je ne veux ni parler ni agir, mais duquel je veux dépendre pour chaque action de moment en moment.

« O Dieu, mon doux Maître, quelle promesse ! et que j'ai besoin de compter uniquement sur vous et sur ma Mère, ma grande Reine et Souveraine des anges ! »

La conclusion de cette retraite est, tout le monde en conviendra, une de ces résolutions viriles que les grandes âmes seules savent prendre et qui font les saints ; ce n'était point le repos que cherchait l'abbé Bourbonne, c'était, au contraire, une rupture avec les sens, avec le monde. L'année 1874 fut importante dans sa vie spirituelle ; plus que jamais il eut la volonté d'être saint, il le déclare ailleurs dans une prière adressée à la sainte Vierge. « O Mère ! oui, je serai saint et un grand saint pour mieux vous servir et mieux vous voir au ciel. Pourquoi ces larmes quand j'entends parler de vous, ô Marie, et de sainteté ! Pourquoi ces tressaillements intimes quand on parle des saints ? »

✠

L'année 1875 ouvrit la voie au ministère qu'il allait exercer jusqu'à la fin de sa vie. Son ardent amour pour le Sacré-Cœur lui inspira plusieurs œuvres qui furent couronnées de succès.

Depuis longtemps on sollicitait de Pie IX la consécration de tous les catholiques au Sacré-Cœur : il avait différé, ne croyant pas le moment venu ; enfin, sur l'instance de cent soixante évêques et de trois millions de fidèles, il lança le décret engageant à cette imposante manifestation d'amour ; elle eut lieu dans le monde entier le 16 juin 1875. L'abbé Bourbonne entra de toutes ses forces dans les désirs du Souverain Pontife. A partir de ce jour il se mit à prêcher ; un véritable apostolat commença pour lui : des fidèles vinrent adorer Notre-Seigneur sur l'autel ; la chapelle de la Visitation, jusqu'alors à peu près déserte, fut fréquentée.

Ce fut le début. Les associés du Sacré-Cœur se réunirent le premier vendredi du mois. Bientôt, à cette dévotion se joignit celle de la garde d'honneur, culte perpétuel rendu au Cœur de Jésus, puisque les fidèles doivent se succéder d'heure en heure pour lui offrir, au milieu de leurs occupations, respect, amour, dévouement, consolation. L'abbé Bourbonne avait obtenu l'érection canonique de cette association au premier monastère, et Mgr l'archevêque de Paris avait daigné s'y inscrire au premier rang. Tel était l'ordre des exercices. Après la messe, il adressait quelques paroles et prononçait la formule de la réparation ; le soir, il faisait une seconde exhortation et, avant la bénédiction, lisait l'amende honorable avec un accent qui touchait tous les cœurs ; puis il distribuait les billets zélateurs aux assistants.

Enfin, sur son initiative, on fit aussi dans la chapelle les exercices du mois du Sacré-Cœur ; le matin, l'abbé Bourbonne donnait, en quelques paroles, une pensée, une résolution, une pratique. Le soir, quelques instants avant le salut, il récitait volontiers une prière entremêlée de réflexions pieuses. Venait ensuite une instruction qui était souvent faite par un ami en communion de pensées avec lui ; l'affluence était plus considérable quand il la faisait lui-même. Telle fut l'origine du mouvement qui se produisit à la chapelle de la Visitation. Le premier monastère devint pour un bon nombre comme un pèlerinage, un pieux rendez-vous : C'était une famille réunie pour entendre les instructions de l'abbé Bourbonne.

Il sentit aussi qu'il était le père de ces âmes et qu'il devait leur appartenir sans mesure.

L'apostolat fut à ce moment sa pensée dominante, son attrait, sa grâce.

C'est ce qui ressort de ses notes pendant la retraite qu'il fit à Vaugirard en 1875.

« La prière me coûte, écrit-il, j'y persiste, malgré les petites souffrances, ennuis et répugnances... Viennent ensuite joie, paix, larmes, tendance à m'unir familièrement à Notre-Seigneur : familièrement, et encore plus respectueusement, ce me semble. Je voudrais tant m'assujettir ! »

« Le Père Directeur me recommande de ne pas parler des choses spirituelles autrement que humblement et pour le besoin. Il lui plaît (et j'y sens avec une grande tendresse de cœur et reconnaissance pour Notre-Seigneur un écho très intime) de me dire que je recherche trop à me fixer aux règles. »

« ... Je consigne cette annotation comme une règle magnifique de direction pour les âmes :... « Celui qui donne les exercices ne
« doit pas porter celui qui les reçoit à embras-
« ser un genre de vie ou une pratique de per-
« fection ; mais laisser le Créateur se commu-
« niquer lui-même à sa créature et lui mon-
« trer la voie qu'elle doit suivre pour le mieux
« servir, se tenant en équilibre comme la ba-

« lance dans une entière indifférence à l'égard
« de tous les partis. » Voilà le moyen de
compter sur le secours de Dieu sans le ten-
ter. »

« Je suis l'organe, l'instrument de Dieu !...
Per ipsum, cum ipso, in ipso. — La sainteté,
dit saint Thomas, c'est *munditia cordis,
firmitas mentis* (1). »

« La forme et le moyen de la sainteté que
je veux acquérir cette année sera, ce me
semble, la douceur : douceur dans les gestes,
dans les paroles, dans la prière (pas de con-
tentions et rien sans Jésus) ... O Jésus,
dites !... »

« On accueille facilement les prétextes pour
ne pas méditer... On se plaît à se tromper
parce qu'on aime son indolence... »

« Il faut se contrarier : *Contra ire...* »

« ... Oh ! les âmes ! qu'elles ont coûté à mon
Dieu ! de quel abîme je puis les tirer !... Quelle
est leur valeur !... Ah ! si je voyais une hostie
dans la boue !... »

« ... *Dolores inferni circumdederunt
me!...* (2). Notre-Seigneur a supporté toutes

---

1. Pureté du cœur, fermeté de l'âme.
2. Les douleurs de l'enfer m'ont environné. Ps.

les peines de l'enfer, expiation... remords... feu... délaissement... de Dieu... et de tous... Et je craindrais de trop souffrir pour les âmes?... »

CHAPITRE QUATRIÈME

La prédication.

Prédications de l'abbé Bourbonne. — Qualités de sa parole.
Elle fut pieuse, simple, efficace.

L'amour des âmes engendre l'apostolat. Lorsque l'abbé Bourbonne vit les fidèles assemblés autour de lui, il sentit que Dieu avait mis dans son cœur l'attrait et la grâce de la prédication. Il exerça ce ministère pendant quatorze ans. Au pensionnat du premier monastère il fit d'abord les catéchismes des enfants de la première communion et de la persévérance, auxquels il joignit, à certains jours, une exhortation. Il parlait à la communauté une fois le mois ; mais de temps en temps il donnait une instruction sur le désir des Sœurs, ou s'il fallait remplacer un prédicateur empêché.

Tout se borna là pendant trois ans. Puis les réunions mensuelles des associés de la Garde d'Honneur et le mois du Sacré-Cœur lui amenèrent un auditoire assidu et docile, qui, loin de se lasser, se montra toujours plus avide d'entendre sa parole. Plusieurs fois, il édifia encore les fidèles les vendredis de carême. Dans les dernières années il prêchait des retraites : les communautés et les associations pieuses le demandèrent de toutes parts. Il y eut même un temps où il ne passa pas de jour sans faire une instruction : ses vacances ne furent plus guère alors que des pèlerinages ou de petites missions.

En somme, la prédication eut une place importante dans la vie de l'abbé Bourbonne. Il y donna son cœur, son temps et aussi sa peine.

Que fut donc cette prédication? Trois mots suffisent à la faire connaître : elle fut pieuse, simple, efficace.

✠

« Il y a, dit le P. Lacordaire, une triple prédication : la prédication de mœurs qui combat la concupiscence ; la prédication d'enseignement qui combat l'ignorance ; la prédication de controverse qui combat l'erreur. »

La prédication de l'abbé Bourbonne fut morale, et même sous ce rapport elle présenta plusieurs traits particuliers.

Ses entretiens avaient pour thème exclusif les choses de la piété, les questions traitées dans le livre des *Petites Fleurs* surtout les grandes vérités, les fins dernières et la générosité dans le service de Dieu.

Après avoir énoncé brièvement un point de foi, il déduisait, du principe posé, une conséquence qui semblait devoir être le sujet du discours. C'était toute la part qu'il accordait ordinairement à l'esprit. Mais il avait hâte d'en veuir à la conclusion. Alors, s'adressant à la volonté, il entraînait ses auditeurs par une exhortation enflammée. Puis, comme s'il lui eût été impossible de rester sur une conclusion particulière, ne pouvant s'arrêter qu'au but dernier de toutes choses, il pressait les âmes de se donner à Dieu. Il ne parlait que pour aboutir là.

L'objectif suprême de sa prédication était de mener les chrétiens au sacrifice et à l'abandon. Il revendiquait les droits d'un Dieu qui commande à l'homme un amour souverain, total, généreux ; il se faisait l'écho de Jésus disant : « Je suis venu allumer le feu sur la terre ; et que veux-je, sinon qu'il s'enflamme ? »

C'était pour lui un besoin, une consolation de parler ainsi ; c'était ce qu'il appelait à bon droit et sans témérité « sa grâce ».

La prédication est une mission ; le prédicateur est un envoyé. « Allez, enseignez. » Il va où le Maître l'envoie. « Ma grâce, dit saint Paul, est d'évangéliser les gentils. » Vincent de Paul eut la mission de prêcher les pauvres. N'y aurait-il pas de messagers de la bonne nouvelle pour les âmes qui cherchent et qui aiment?

Il y en aura toujours dans l'Église. Taulère fut le premier orateur sacré de son temps et il n'eut pas d'autre enseignement. Pendant deux années il avait gardé le silence. « Lorsqu'il monta de nouveau en chaire, l'impression de son discours, qui était d'un bout à l'autre mystique, fut si puissante et si profonde que beaucoup d'auditeurs restèrent comme anéantis. En 1341, il commença à prêcher à Strasbourg et continua pendant vingt ans. L'évêque Bertold l'écoutait souvent et admirait la rare éloquence de ce prédicateur inspiré. Le bienheureux frère dominicain Venturini, exilé dans un couvent d'Allemagne, appréciait particulièrement son cher Jean Taulère, et il espérait que par lui et par d'autres le nom du Christ se répandrait de plus en plus en Allemagne (1). »

1. Goschl, *Dict. encycl. de la théol. cath.*, Taulère.

Plus d'un apôtre a reçu la mission donnée à Taulère : « Ne pense pas, disait Notre-Seigneur à Henri Suso, être le premier auquel, dans l'Eglise, j'ai communiqué ma grâce de vérité et d'éloquence. Je l'ai donnée à beaucoup d'autres qui n'avaient pas plus d'habileté et de talent que toi.

« Si tu doutes de toi-même, tu ne dois pas douter de moi; mets donc en moi ta confiance et obéis.

« ... N'as-tu pas lu dans l'Ancien et le Nouveau Testament comment Dieu favorise ses amis? Pourquoi ne le ferait-il pas encore maintenant selon son bon plaisir (1)? »

L'abbé Bourbonne eut aussi cette grâce. Il parlait de l'amour de Dieu pour les hommes; du Cœur de Jésus; du désir que ce Cœur a d'être connu et aimé : il disait que, pour répondre aux exigences de l'Amour infini, il faut se donner, se livrer, se sacrifier, s'abandonner à lui. Sur ce sujet, il était intarissable, il eût parlé sans fin.

Or, cet enseignement répond au besoin de beaucoup d'âmes. Les unes sont travaillées par la grâce, visitées par l'épreuve, elles ap-

1. Henri Suso, *Colloques spirituels des neuf rochers*, I, p. 293.

pellent une parole de lumière qui leur ouvre la voie. D'autres marchent dans la prière, le travail et la vertu : un tel encouragement leur est nécessaire. Il y en a qui connaissent la vraie vie et en goûtent déjà l'abondance : pour elles, la parole du prédicateur rencontre celle qu'elles entendent au dedans, elle est une manne céleste, un pain vivant.

Les âmes vont là où elles trouvent leur nourriture et leur vie. « Qui se ressemble, s'assemble. » Autour de la chaire de l'abbé Bourbonne, de nombreux fidèles venaient ; ils écoutaient volontiers sa parole et la recevaient dans leurs cœurs, parce qu'ils partageaient les désirs qu'ils sentaient en lui. C'était un auditoire d'amis, une famille spirituelle, qui avait son origine et son lien dans la grâce : ceux-là préféraient ses discours à tout ce qu'ils pouvaient entendre.

Quant à ceux qui n'étaient pas en communion de pensée avec lui, ils ne venaient pas : un d'entre eux, égaré par surprise au sermon de l'abbé Bourbonne, eût bien juré de ne pas revenir et n'eût pas manqué de dire comme les gens de l'Aréopage à saint Paul : « Nous vous écouterons une autre fois. »

☦

D'autant plus que son langage, étranger à toute recherche, n'eut jamais d'autre ornement que la simplicité. « Le style c'est l'homme. » Or, chez lui, l'appareil humain avait disparu avec l'homme. Regardant Dieu et les âmes, il était à l'aise dans son sujet, sans aucun souci de lui-même. On eût pu croire qu'il avait reçu de Dieu, comme le bienheureux Ange d'Acri, l'ordre de parler simplement.

Voici d'ailleurs quelles étaient ses pensées sur la préparation de la parole de Dieu.

« Rester très simple, détaché, flexible en préparant et en parlant, afin de recevoir du Saint-Esprit et de ne pas mettre du mien, tout en agissant aussi d'une certaine façon *humano modo*. Les deux lumières ne doivent pas se nuire l'une à l'autre; mais l'une aide l'autre, et l'une aussi est fortifiée et complétée par l'autre.

« Il faut, pour ne pas être perroquet et donner du sien, parler de son cœur. Pour toucher véritablement il faut beaucoup réfléchir, prier et décomposer en quelque sorte les aliments spirituels qu'on a pris çà et là... les digérer... donner comme une résultante... C'est le moyen d'espérer l'onction du Saint-Esprit.

« Pour qu'il y ait de l'unité dans le discours,

ne toucher à chaque pensée que par l'endroit qui doit se rapporter au sujet principal : autrement cela fait autant de sermons que d'idées; c'est la tour de Babel... Pour cela, il faut de la logique, du détachement, une idée qui commande les autres et que j'aie à cœur de développer.

« Comment étudier sans chercher ?...

« L'amour possède... Dieu peut vouloir que je prie, que j'étudie, que je parle sans tant d'appui que je voudrais.

« Préparer ses instructions par admiration et anéantissement. Se préparer à la parole avec le temps qu'on a, s'encadrant plutôt dans une formule que de faire un saut les yeux fermés... Si le bon Dieu veut nous humilier en nous laissant arides dans le cadre, quel mal? S'il veut, au contraire, faire entrer dans la formule ou le cadre des étincelles, des flammes vivantes, ou même nous jeter hors du cadre, par son mouvement, qu'importe!

« En fait d'études, faire ce que le bon sens, la raison, l'attrait demandent; le reste est l'affaire du bon Dieu. Ne se laisser troubler ni par des conseils incompétents, ni par des désirs qui seraient contraires au saint abandon. En agissant de la sorte, on correspond à la grâce qui nous sollicite et nous pousse par nos aptitudes, et dans le sens de nos aptitudes, et encore sans chercher davantage la mesure entre le travail et la prière : vous remplissez la mesure y jetant le travail comme la prière; car le travail, fait dans l'ordre, est une prière. Donner sans scrupule, sans souci, un peu plus à l'un qu'à l'autre, selon l'attrait ou la nécessité, qu'importe ! puisque tout est pour Dieu et tombe dans la même mesure et a le même poids. Que Notre-Seigneur soit en vous agissant, souffrant, parlant, priant ! Tantôt il s'humilie dans la science de son prêtre comme devant ses juges iniques : « *Jesus autem tacebat...* Jésus se taisait... » Tantôt il se glorifie dans l'ignorance de son prêtre comme il fit au milieu des docteurs...

« Avant de parler, lire quelque livre qui n'ait pas trait à ce que l'on veut dire, pour reposer l'esprit et lui donner de la facilité, tout en lui laissant sa parfaite liberté.

« Bien étudier le caractère et le besoin de son auditoire.

« Parler au cœur, et pour cela parler du cœur... Ne pas s'imposer... Pas d'éclat. Laisser le cœur avoir le temps de goûter ce qu'on lui dit, de s'en pénétrer. Ne pas l'éteindre par empressement à vouloir aider, ce qui, dans le fond, est un obstacle à la grâce, une impertinence vis-à-vis de Dieu, un empiétement sur la liberté du prochain et un acte d'orgueil en soi. Notre-Seigneur est jaloux de tout faire dans les âmes qu'il a rachetées ; il ne faut les traiter qu'avec révérence, dépendance de son cœur, les aimant par son cœur, les gouvernant par son esprit, prenant pour cela les moments indiqués par la Providence et une sage raison. »

Ces pensées font connaître à la fois l'esprit qui dirigeait l'abbé Bourbonne dans sa prédication et le programme qu'il s'était tracé. Il s'efforça constamment d'y être fidèle. Sa préparation, très douloureuse, surtout au début, devint facile et dégagée de toute inquiétude pendant le temps de son ministère à la Visitation. Comme il connaissait intimement les âmes auxquelles il s'adressait, il était maître de son auditoire. Après avoir arrêté un sujet, approprié à ses besoins, il parlait librement. Plus d'une fois, lorsqu'il ne put faire autrement, la prière et l'humilité furent sa seule préparation.

Il serait d'ailleurs injuste et contraire à la vérité de croire qu'il ne fut pas heureusement doué. Ses professeurs et ses condisciples de

Luxeuil avaient remarqué ses aptitudes pour le discours. Dieu lui avait donné une intelligence prompte, élevée, apte à la spéculation; un cœur ardent et généreux, une nature impressionnable, délicate, ouverte à tous les nobles sentiments. Ensuite, en le mettant sous l'étreinte de longues épreuves spirituelles, il l'avait dépouillé pour lui donner en échange les dons d'intelligence et de sagesse.

Mais la simplicité n'est-elle pas une force pleine de charme? elle plaît toujours : comment ne l'aimerait-on pas dans le prédicateur de l'Évangile? La parole simple est le miroir du Verbe, du Soleil de Justice : en cachant l'homme elle fait resplendir la vérité.

« Tous les jours à onze heures, le vénérable curé d'Ars quittait le confessionnal et commençait l'instruction. Instruction sublime, où ne brillaient pas, sans doute, comme l'a dit un pèlerin, les pauvres splendeurs de l'éloquence humaine, mais qui dédommageait bien les auditeurs par les flots de chaleur et de lumière divine qu'elle répandait sur eux. Aimer Dieu par-dessus tout; se jeter plein de confiance et d'amour dans l'abîme d'amour du Cœur de Jésus-Christ; se mortifier, renoncer aux vaines jouissances du monde, se dépouiller sans cesse de toute affection aux créatures et à soi-même pour parvenir à la jouissance parfaite du Créateur, » tel était son enseignement, et les âmes en recevaient des impressions ineffaçables. Le R. P. Pététot, parlant un jour à Saint-Sulpice de cette prédication, disait : « Eh bien, messieurs, le saint que j'ai eu le bonheur de connaître, convertit plus d'âmes avec de simples paroles que nous n'en convertissons, nous autres, avec de longs discours. »

Les prédicateurs sont les organes et les instruments de Dieu qui les mène par des voies bien différentes : « Ceux qui ont véritablement l'esprit de Dieu, quand il lui plaît de donner sa bénédiction aux œuvres que l'on entreprend, s'appliquent de tout leur pouvoir à cacher la part qu'ils peuvent y avoir. Ils font ce qu'ils peuvent afin de n'y être en aucune façon considérés : ce leur est une joie non pareille quand l'honneur en est attribué aux autres. Heureux état qui éloigne de la vue et de l'estime des créatures, puisque c'est le grand moyen d'être regardé et estimé d'un Dieu dont les yeux et l'estime doivent bien suffire.

« Oh! qu'heureuses et mille fois heureuses sont les personnes qui travaillent dignement et par esprit de grâce, et avec une grande bénédiction, et ne rencontrent que contradictions dans l'estime des hommes qui les désapprouvent et les blâment! Oh! qu'heureuses sont les personnes dont les emplois n'ont rien de grand aux yeux des hommes, dont tout l'honneur demeure caché et qui n'est aperçu que de Dieu! Cette grande grâce est donnée quelquefois à des directeurs dont Dieu se sert beaucoup, mais sans éclat. Dieu s'en sert pour la conduite de quelques âmes éminentes en sainteté qui le glorifient grandement, ou pour la conversion des pécheurs; mais tout cela est presque inconnu. Cette grâce est quelquefois donnée à de certains prédicateurs qui n'ont que de simple peuple à leur suite, ou bien qui sont peu suivis, mais à qui Dieu donne des bénédictions admirables. Par exemple, un prédicateur n'aura que cinquante personnes dans son auditoire, et il plaira à Dieu tout bon d'en toucher fortement au cœur trente ou quarante. Assurément l'effet de ce sermon est grand aux yeux de Dieu, quoiqu'il soit caché aux yeux des hommes, à raison du peu de monde (1). »

Telle fut la grâce attachée à la prédication de l'abbé Bourbonne. Sa parole, toujours très simple, fut efficace.

1. Boudon. *Vie cachée*, x.

Il ne prêchait point dans de grandes églises : la chapelle de la Visitation était sa cathédrale ; hors de là, on ne le voyait que dans de modestes enceintes et devant un auditoire restreint. Mais il attirait les âmes ; ses entretiens étaient l'explication et le développement des conseils qu'il donnait au confessionnal. On en rapportait la science de la vie.

D'ailleurs, plusieurs causes concoururent à ce succès. Il était reconnu de tous comme un ange de modestie, de prière et de vertu ; la conviction débordait de ses paroles ; le zèle des âmes consumait son cœur. Pendant un carême, il voulut prêcher tous les dimanches dans le seul but de convertir une âme.

En outre, tandis qu'il parlait, il semblait être encore en prière. Il eût assurément contenté sainte Thérèse qui désirait entendre un prédicateur favorisé de l'oraison de quiétude. Se défiant de son ardeur naturelle, il craignait par-dessus tout de se soustraire à l'action du Saint-Esprit. Son désir le plus habituel était de dépendre de la grâce.

Enfin il reçut incontestablement une grâce et, comme le P. Zucchi, il la dut à la protection de la sainte Vierge. « Cet illustre prédicateur consumait inutilement des heures à tracer un plan d'instruction familière et, quand la cloche l'appelait en chaire, obéissant à son appel comme à la voix de Dieu, il y montait avec confiance et y parlait avec une abondance, un zèle, une force qui le rendaient maître des cœurs. Il lui arriva de monter en chaire sans avoir eu le temps de prévoir le texte de son discours, et il n'était jamais plus émouvant que quand il était moins préparé. » Cependant ce ministère était pour lui l'occasion d'un tourment que nul n'aurait soupçonné. Il déclara un jour à ses supérieurs qu'il devait à la sainte Vierge ce don de Dieu. Il avait entendu d'elle ces paroles : « N'ayez aucune confiance en vous et comptez sur Dieu seul : quand vous le pourrez, préparez vos sermons comme si le succès ne devait dépendre que de vos soins ; et je vous promets que le secours de Dieu ne vous fera jamais défaut. » Notre-Seigneur lui-même lui avait donné cette assurance en lui disant : « Je vous promets que les paroles ne vous manqueront jamais en chaire ; ayez soin seulement de réciter un *Ave Maria* avant d'y monter. »

Pendant quelque temps l'abbé Bourbonne avait eu beaucoup de peine à préparer ses instructions. Il avait recouru à la sainte Vierge, et dans un pèlerinage à la Salette elle l'avait exaucé. Depuis il prêchait facilement et, par reconnaissance, il retournait souvent à la sainte montagne.

Sa parole fut féconde et bénie : partout et toujours elle procura le bien des âmes.

L'Eglise est l'extension du Christ dans tous les temps et tous les lieux ; elle appelle, avec les œuvres et les ministères les plus variés, toutes les formes de la prédication. Sur le déclin d'un siècle qui se conclut par le Sacré-Cœur et le Rosaire, n'est-il pas utile que de saints prêtres entraînent les âmes à la prière et à l'amour de Jésus?

CHAPITRE CINQUIÈME

La direction.

Eminente direction de l'abbé Bourbonne.
Il portait les âmes au détachement, à marcher selon leur voie,
à s'unir à Dieu.
Sa charité dans l'exercice de ce ministère.

La lumière est l'apanage promis à la pureté : « Bienheureux ceux qui ont le cœur pur, parce qu'ils verront Dieu (1). »

« Les personnes les plus propres à conduire les autres, dit le P. Lallemant, et à donner conseil en ce qui regarde les choses de Dieu, sont celles qui, ayant la conscience pure et l'âme exempte de passions, dégagées de tout intérêt et étant suffisamment pourvues de science et de talents naturels, bien qu'elles ne les aient pas dans un éminent degré, sont fort unies à Dieu par l'oraison et se rendent fort soumises aux mouvements du Saint-Esprit (2). »

L'abbé Bourbonne fut choisi par Dieu pour

1. Matth., v, 2.
2. Lallemant, *Doctrine spirituelle*, 207.

ce ministère. Depuis sa prêtrise jusqu'à sa dernière maladie, il se consacra sans réserve à la conduite des âmes. Pendant vingt-cinq ans il vécut au confessionnal, et la direction fut son occupation constante.

Mais si cet emploi demande une grâce abondante et des vertus affermies, si un directeur « doit être entièrement vide de toute affection terrestre et plein de Notre-Seigneur pour entrer dans les desseins que Dieu a formés de toute éternité sur les âmes et pour les conduire toujours dans la pureté de ses voies sans jamais chercher autre chose que sa gloire (1) », il est vrai de dire que l'abbé Bourbonne reçut des grâces de choix et qu'il exerça ce ministère avec fruit.

✠

Il fut un éminent directeur des âmes; son premier soin fut toujours de les porter au détachement.

Entièrement séparé du monde, l'abbé Bourbonne n'admit jamais l'alliage de la piété et de la vie mondaine. A une jeune fille qui lui demandait sans motif la permission d'aller au bal, il fit cette réponse : « Y renoncer ou me quitter. »

1. Olier. *Esprit d'un directeur des âmes*.

Comme il traitait seulement avec des âmes pressées de servir Dieu, il les tenait loin des occasions du péché et de toute inutilité. Il ne laissait guère dans les relations, les lectures ou les délassements que ce que la convenance, la charité, la nécessité semblaient exiger strictement. Pour défendre plus sûrement une conscience, il poussait très loin les retranchements. Il eût voulu lever tous les obstacles.

Mais, « dans la vie spirituelle, le soin d'un bon maître doit être de mortifier les inclinations de ses disciples, en leur apprenant à se dépouiller de tout ce qui fait l'objet de leurs désirs, afin de se rendre entièrement libres d'une si extrême misère (1) ».

Il les exerçait au renoncement à soi-même et à l'humilité. Il ne craignait pas de les mortifier. — Une personne l'avait attendu assez longtemps, elle témoigna ensuite quelque impatience ; il la congédia en lui disant : « Vous reviendrez demain, aujourd'hui vous n'êtes pas bien disposée. » Parfois, si on avait besoin de lui parler, il coupait court sans laisser ajouter un seul mot.

Il insistait sur la nécessité de se vaincre en

---

1. St Jean de la Croix. *Maximes*, 191.

répétant le mot dit à Taulère : « Surmonte-toi et tu trouveras Dieu. » — « Cette parole s'adresse aussi à nous, disait-il ; courage ! »

Il ne voulait pas l'à peu près dans la vertu. « Se contenter d'un à peu près, c'est sauvegarder les apparences, mais c'est mener une vie de nature. On concilie, sans s'en douter, l'imperfection à la vertu... Le vrai amour exige tout, attaque au vif le défaut dominant, et, tant qu'on ne l'a pas connu, tant qu'on ne le combat pas sincèrement, on ne fait rien de sérieux. »

Il habituait les âmes à ne point rechercher la consolation sensible et à servir Dieu généreusement. « L'amour, disait-il, souffre sur la terre... la joie est réservée pour le ciel... croyez sans voir... aimez sans sentir... »

Sur ce point, l'esprit de sa direction semble être bien exprimé dans ces maximes de saint Jean de la Croix : « Que Jésus-Christ est peu connu de ceux qui se disent ses amis, lorsqu'ils cherchent en lui ses consolations et non ses amertumes. Pour qu'une âme s'approche de Dieu et s'unisse à lui, il vaut mieux qu'elle marche sans comprendre qu'en comprenant, et dans un oubli total des créatures en changeant ce qu'il y a de variable et de compréhensible dans les créatures contre l'immuable et l'incompréhensible, qui est Dieu même. Celui qui fait encore quelque cas de soi, ne doit croire ni qu'il se renonce, ni qu'il suit véritablement Jésus-Christ. — Si quelque esprit aspirait à marcher par une voie douce et facile, craignant d'imiter Jésus-Christ, je ne saurais le tenir pour un bon esprit (1). »

Il n'aimait pas qu'on pesât beaucoup les difficultés, parce qu'on s'affaiblit en mesurant

1. St Jean de la Croix. *Maximes,* 14-21 et seq.

Nota. — L'abbé Bourbonne ne combattait pas cependant le sentiment dans la piété. Voici ses pensées sur un livre : « Sous prétexte de ramener les âmes à la vérité, il tend à leur enlever le sentiment. Il oublie le grand principe de saint Thomas, que l'intellectuel a sa base dans le sensible : *Nihil in intellectu quod non fuerit prius in sensu;* c'est l'axiome de l'Ecole. Est-ce que le christianisme n'est pas fondé sur la piété ? Et qu'est-ce que serait la dévotion sans l'onction ? Et le Sacré-Cœur, quel est son objet ? N'est-ce pas de ramener, dans les derniers temps de lâcheté et de sécheresse de cœur vis-à-vis de Dieu, les âmes à l'amour de Dieu ? Et puisque les hommes ne veulent plus penser, Notre-Seigneur les veut atteindre par la vue et le sentiment en leur montrant son Cœur... Qu'il y a là de choses profondes, fécondes et pratiques ! Que certaines images et certains livres aient un caractère mou et sentimental, sans idées, je l'accorde ; mais s'ensuit-il qu'il faille rejeter les images et les livres qui aident l'âme à ce premier pas, à savoir, déprendre du sensible grossier et inintelligent pour amorcer au sensible spirituel qui fait la base de tous trop les obstacles. Dans les épreuves sensibles, il voulait qu'après les larmes, on revînt à la prière et à l'entière soumission à la volonté divine. Rencontrait-il une souffrance qui avait son origine dans l'amour-propre, il était impitoyable.

Parmi ses sentences favorites nous trouvons celles-ci : « Tentation, bénédiction. — Obstacle, moyen. — Je ne vois pas, donc je dois compter sur Notre-Seigneur. »

Il avait souvent sur les lèvres ce mot de

---

nos mystères? Et que dire de sainte Thérèse qui conseille à l'âme de commencer par s'entretenir avec quelque image dévote, fixant ainsi l'imagination, etc.? Et saint Ignace, avec sa méthode de la construction du lieu, qui est bien selon la marche de l'esprit humain, sauf à ce qu'on en use avec discrétion et sans forcer l'imagination? Lisez Faber, il y a des pages très belles dans le *Progrès de l'âme*, pour justifier le sentiment dans la piété (chap. *Idée qu'il faut se faire de la dévotion*); et son *Tout pour Jésus*, qui n'a pour objet que d'encourager l'âme qui s'effraye de l'amour effectif et l'y amène tout doucement par l'amour affectif. Et que seraient tels et tels pécheurs sans une petite dévotion qui a fait leur salut?

« J'admets certes qu'il faut affirmer les grands principes, simplifier la dévotion, faciliter le devoir; mais je n'admets pas que ce soit en ne se servant pas de toutes les puissances que nous avons; et si petites que soient nos ressources, avec nos tempéraments affaiblis, il me semble que c'est une raison de plus de les prendre où ils en sont pour les relever, réformer et rendre plus forts en idées et en volonté... »

saint Augustin : « Faites ce que vous pouvez, demandez ce que vous ne pouvez pas, et Dieu fera que vous puissiez. » En face d'une difficulté, il disait : « C'est une question d'amour. »

« Je ne vous ménage pas, écrivait-il à une de ses pénitentes. Oh! non, le bon Dieu me le reprocherait trop. » En agissant ainsi il pensait être le fidèle serviteur des âmes.

En somme tout le mal qui nous est fait vient de trois ennemis : le monde, Satan et la chair. Le détachement des créatures nous délivre du monde; le renoncement à notre jugement propre et à notre propre volonté, c'est la réponse victorieuse de l'humilité et de l'obéissance aux artifices de Satan. « La chair est plus opiniâtre que tous les autres, et c'est elle qui, en la société du vieil homme, est la dernière vaincue (1). » Comment la vaincre, sinon par le refus d'entendre ses goûts et ses répugnances, par l'assujettissement de toutes nos forces à nos obligations et par l'acceptation volontaire de toute souffrance qui s'impose à nous?

Quoi de plus vrai? N'est-ce pas l'Evangile? N'est-ce pas le point de départ commandé à celui qui veut être le disciple de Jésus-Christ?

---

1. St Jean de la Croix. *Précautions spirituelles.*

L'abbé Bourbonne avait bien compris cette vérité lorsqu'il s'était donné à Dieu sans réserve à l'âge de seize ans. Les luttes violentes qu'il dut soutenir dans la suite « contre son vieil homme » avaient allumé en lui la sainte haine de soi-même. C'est pourquoi il dénonçait la nature déchue comme l'ennemi implacable qu'il fallait vaincre à tout prix. Peut-être mesura-t-il les âmes à son aune, en pensant qu'elles pouvaient bien ce qu'il avait pu lui-même ! Peut-être son ardeur fut-elle pendant quelques années un peu âpre ! L'âge, une grâce plus abondante, une vertu plus haute lui donnèrent la mesure. D'autre part, la double connaissance des âmes et des voies de Dieu y contribua largement.

✠

« Il n'appartient pas au premier venu de diriger les âmes... On ne trouvera pas sans peine un guide capable... c'est-à-dire, savant, discret, expérimenté. — Un directeur sans expérience ne saura mener une âme par la vraie voie où Dieu l'appelle et la fera retourner en arrière, en l'enchaînant à des moyens d'un ordre inférieur qu'il aura trouvés dans les livres... Quel est le maître qui saura, à l'exemple de saint Paul se faire tout à tous, pour les gagner tous, et qui connaîtra toutes les voies par lesquelles Dieu mène les âmes ? voies si différentes que c'est à peine si l'on trouvera un seul esprit dont la direction intérieure soit de moitié conforme à celle d'un autre (1). »

« *Ars artium regimen animarum*. — La direction des âmes est l'art des arts. » Elle suppose la science, l'expérience, la grâce. La science, c'est-à-dire une théologie complète qui n'exclut pas les enseignements de l'Ecriture et de la tradition sur les principes de la vie spirituelle et sur les opérations multiples de la grâce. L'expérience, parce que la théologie mystique n'est pas une simple théorie, mais une science expérimentale. La grâce, ou plutôt des dons éminents, en particulier le discernement des esprits et le don de science « par lequel un directeur connaît l'état des âmes qu'il a sous sa conduite, leurs besoins spirituels, les remèdes de leurs défauts, les obstacles qui nuisent à leur perfection, la voie la plus courte pour les bien conduire ; combien il faut les consoler ou mortifier, ce que Dieu

---

1. St Jean de la Croix. *Maximes,* 167-196-196-138.

opère en elles et ce qu'elles doivent faire pour coopérer avec Dieu et remplir ses desseins » (1).

L'abbé Bourbonne eut à un haut degré la science mystique. Peu d'hommes ont cherché avec autant d'ardeur à s'instruire des choses de Dieu. L'oraison surtout fut l'objet de ses études. Après avoir lu cent écrits sur ce point important, il notait ses réflexions personnelles dans le but d'en livrer le secret aux âmes. Sa vie journalière ne fut-elle pas l'école de la perfection ? N'était-il pas lui-même l'enfant chéri de la grâce ?

Dieu lui donna de comprendre les divers états des âmes ; il lisait au fond des consciences qui semblaient n'avoir rien de secret pour lui. N'eût-on fait qu'une simple accusation des fautes, ce qu'il disait répondait ordinairement aux dispositions intimes des pénitents. Il sentait ou devinait les combats et les hésitations... Une personne se retirait un jour à la hâte après une confession très courte, pour éviter un entretien. « Allez chercher une chaise, lui dit-il, je veux vous parler longuement. » Même après un grand intervalle il voyait en un coup d'œil l'histoire d'une âme pendant plusieurs années :

1. Lallemant. *Doctrine spirituelle,* p. 206.

il parlait comme si les infidélités, les épreuves, les difficultés eussent été présentes à son esprit.... Plus d'une fois il eut cette intuition à l'égard de ceux qu'il ne connaissait pas. C'est ainsi qu'il écrivit à une personne luttant contre la grâce : « Je vous supplie de ne plus faire attendre Notre-Seigneur : il a fait assez pour son inutile servante. » Il lui donnait en même temps, quoiqu'il ne l'eût jamais vue, les conseils les plus précis.

Aussi, on le quittait le cœur content. Lorsqu'une âme sent qu'elle est comprise, elle s'ouvre facilement, elle reçoit sans arrière-pensée les avis qu'on lui donne et se prête volontiers aux sacrifices dont elle reconnaît l'opportunité. Les décisions nettes et fermes de l'abbé Bourbonne étaient bien accueillies : ses enfants voyaient en lui un prêtre compétent, un vrai père.

✠

C'était justice. Il était père dans toute la force du mot, et le sentiment de cette auguste paternité, remplissant son cœur, le rendait affectueux, vigilant, jaloux de l'avancement et de la pureté des âmes. Il les enfantait à la vie et voulait toujours leur plus grand bien ; son désir était de les mener finalement à l'amour, au dévouement, au sacrifice, à l'abandon.

Le tout de Dieu et le rien de la créature, tel était son point de départ. Puis après avoir étudié chaque âme il l'inclinait selon ses ressources, selon sa voie, à vivre entièrement pour Dieu.

Voici quelques-uns des conseils qu'il donnait : « Comptez sur Jésus... Croyez qu'il vous soutiendra... Seulement devenez de plus en plus dépendante de son action. »

« Je vous sens toujours accablée, mais non à bas; ne craignez pas de dire à Notre-Seigneur que vous lui remettez tout : votre âme, celles de vos enfants et votre maison.... Oh! quand on arrive à dominer un peu la position tant bien que mal, c'est déjà beaucoup et il est facile d'ajouter : Mon Dieu, c'est pour vous! »

« Vous me consolez beaucoup, et pourquoi ne vous le dirais-je pas, puisque Jésus en sera glorifié? Je vois que vous le cherchez sincèrement et que vous avez un peu de force. Continuez : ne fléchissez pas devant les observations ou peines que l'esprit du monde pourrait vous exposer à recevoir. Attendez-vous à être critiquée sur tout et particulièrement sur les choses qui seront le plus utiles soit pour vous-même soit pour les autres. Abandonnez-vous bien à Notre-Seigneur, faisant dans votre méditation du matin ample provision de ressources en paix, force et simplicité, prudence et patience, qui vous aideront à passer dignement la journée avec grand profit pour votre âme et les âmes de…. Quand cette manière de faire sera pour vous une habitude et un besoin, vous n'aurez nulle peine à vous tenir à l'écart, à mépriser le jugement des hommes, à rejeter même toute consolation qui ne viendrait pas de Dieu seul. Mettez seulement du cœur dans tout ce que vous faites; aimez la contradiction ou peine que vous ne pouvez empêcher : tout procède du cœur… Et le moyen unique de rendre tout facile est de faire que ce que l'on a à faire, vienne de la libre volonté qui souffre bien parce qu'elle aime bien. »

Quelques lignes feront connaître l'esprit de sa direction.

« Notre-Seigneur habite en nous pour opérer, par son esprit, les mêmes pratiques, la même vie qu'il avait sur la terre, d'une manière visible et sensible. Il est dans la prière, la vertu, la force, la pénitence du chrétien qui connaît son trésor et veut s'en prévaloir. C'est en se donnant que Notre-Seigneur a établi cet ordre;

et c'est en nous donnant que nous obtiendrons que ce divin Sauveur, libre en nous, établisse son règne.... le règne de son amour par lequel nous faisons ce qu'il fait, pensons comme il pense, agissons comme il agit, souffrons comme il souffre. »

« L'imitation sera le fruit, la pierre de touche de cette vie et de ce règne : Jésus a vécu de telle sorte, donc je vivrai de telle sorte. Mais Jésus est actuellement en moi; donc union, dépendance; liberté pour Jésus de disposer de tout cet être en la vertu de son esprit, pour la gloire de son Père : *Adveniat regnum! Regnum Dei intra vos est!* Si l'âme ne se donne pas, Jésus reste les mains liées et ne passe pas outre. *Sto ad ostium*.

« Il faut donc que sa créature se réduise à rien, en accepte toutes les conséquences (*ad nihilum redactus sum*), pour que Jésus soit sa vie, sa sainteté : ne plus se posséder pour que Jésus nous possède...

« *Illum oportet crescere, me autem minui.* »

« Deux résolutions ou genres de résolutions me semblent indispensables au progrès, et corrélatives : comme on monte par les mêmes degrés qu'on descend, qu'est-ce donc que mon amour avec ses élévations, secrets et délicatesses, s'il n'est pas accompagné d'une opposition, lutte et destruction contre l'obstacle connu qui empêche l'amour, contre le défaut dominant, contre cette vie ou ce point particulier de vie naturelle, dont je n'aurai, jusqu'à la fin, qu'un affaiblissement à espérer et non une complète destruction... Donc, vigueur de poursuite, au nom du pur amour, contre l'ennemi de Dieu en moi; je dois le connaître et vivre en sa vue, défiance et victoire. Faute de ce point très pratique bien observé, il y a vague en tout plus ou moins, imagination pleine de belles paroles, pensées, désirs même, et peu de sérieux progrès : *Agendo contra*... Et Notre-Seigneur n'est pas connu, goûté, aimé, reproduit comme il faudrait; il n'y a pas de générosité dans les vertus, ni d'élans de parfaite confiance en l'oraison. »

A ses chères filles de la Visitation il disait :

« Qu'est-ce qu'une Visitandine?

« Une épouse du Verbe incarné portant le titre de Visitandine a pour raison d'être unique, d'être cachée dans l'humilité et la douceur du Cœur de Jésus; et cependant, par son zèle évangélique et sa ferveur de le révéler, de le faire rayonner, ce divin Cœur, de le faire visiter à une foule d'âmes... grâce aux prières et aux œuvres d'amour qui sont le fruit de cette vie cachée en Dieu avec Jésus-Christ... »

Parlant de la vie de Jésus dans les âmes et de l'obligation de nous livrer à Jésus, il disait : « Le bon Maître veut compléter et appliquer sa vie en chaque élu, selon son plan divin, et chaque élu doit y coopérer en recevant ce qu'il veut donner pour cela, sous tant de formes. Que l'âme se constitue en état de non-résistance par l'observation amoureuse de sa règle de moment en moment, sans en savoir plus, puisque c'est pour nous notre forme de sainteté... A tout prendre, l'amour consiste encore plus à pâtir qu'à agir... Cette non-résistance est une grande action, et la perte de soi est un grand gain. »

Il serait inutile de multiplier les citations. L'abbé Bourbonne visait un seul but, le don de soi-même à Dieu, c'est-à-dire l'offrande de l'être, des puissances, des actes à celui qui est notre fin unique, la parfaite soumission de la volonté humaine à la volonté divine, la dépendance à l'action intime de la grâce. C'était la conclusion dernière de ses conseils.

Assurément les âmes qui s'adressaient à lui se rapprochaient plus ou moins de cet objectif. Mais comme elles venaient spontanément, sa direction toute spirituelle, pleine de force et d'onction était le seul appât capable de les attirer; elles trouvaient la lumière qui fixe l'esprit et l'énergie des saintes résolutions. L'abbé Bourbonne obtenait beaucoup : ce que d'autres ont tant de peine à produire par toutes sortes de moyens, il l'atteignait vite et simplement.

☩

Telle fut la grande œuvre de sa vie. Saint Jérôme regarda comme une affaire importante d'entreprendre la direction de sainte Paule et de ses héroïques compagnes : « Quelle que fût sa connaissance des saintes Ecritures, il fut un plus grand maître encore de la vie chrétienne. » N'est-ce pas, aux yeux de tous, un de ses titres les plus glorieux? Les âmes qui s'élèvent ont besoin d'être guidées dans leurs ascensions; elles sont le cœur de l'Église, c'est d'elles surtout que Dieu tire sa gloire. Leur donner pendant vingt-cinq ans le secours d'un ministère plein de grâces est une œuvre que Dieu seul connaît et révélera au dernier jour.

Il y a pourtant une chose qui se manifeste dès le temps, c'est la charité. Ses œuvres la font retentir même lorsqu'elle veut se cacher et il suffit à l'homme de mettre la main sur son cœur pour la reconnaître. Qui ne saurait constater, d'une façon certaine, l'affection et le dévouement? L'abbé Bourbonne eut un amour passionné pour Dieu et pour les âmes. Ce fut le côté le plus noble et le plus expressif de sa nature en même temps que sa principale vertu et le plus beau fruit de la grâce en lui. Donner, se donner, était son besoin constant; mais surtout il voulait donner Dieu aux âmes et les âmes à Dieu.

Voilà pourquoi le confessionnal fut toujours pour lui un lieu de prédilection; son inépuisable charité y trouvait l'occasion de se dépenser sans mesure.

A Saint-Eustache on l'avait déjà vu attendre les âmes et se mettre à leur merci. Ce fut bien autre chose à la Visitation. Saint François de Sales demande à ses filles de se confesser deux fois par semaine. Dès son arrivée au premier monastère, l'abbé Bourbonne fut informé de cet usage. Il se mit à la disposition de la R. M. Supérieure en lui disant : « Ma bonne Mère, quatre fois par semaine, si vous voulez, pourvu que ce ne soit pas par nature. » Les mercredi et samedi furent consacrés à ce ministère. Le pensionnat eut aussi son tour. Le jeudi tout entier était réservé aux fidèles.

D'autres personnes venaient le dimanche entre les offices. Plus tard on se rendit de loin à la Visitation, et l'abbé Bourbonne répondit à bien des appels au dehors.

Quand on lui demandait discrètement de ménager un peu ses forces : « Non, disait-il, cela ne me fatigue pas trop ; il est vrai qu'il faut bien un peu d'attention, mais heureusement j'écoute plus par le cœur que par la tête. »

Parfois on lui exprimait le regret de le déranger ; alors il avait à cœur de rassurer les personnes : « Oh ! ne craignez pas, dit-il un jour, je suis avare, et comme je suis persuadé qu'il revient toujours quelque chose à mon âme chaque fois que je donne l'absolution, je suis toujours heureux de la donner. »

Saint Philippe de Néri, assailli par un grand nombre de fidèles qui venaient le consulter, était toujours prêt à les recevoir sans qu'aucune occupation pût l'empêcher. On connaît son mot célèbre : « qu'il ne peut rien arriver de plus agréable à une âme qui aime bien Dieu, que de laisser Dieu pour Dieu ».

Cette devise était bien celle de l'abbé Bourbonne. Il ne repoussait jamais personne, quelles que fussent ses occupations ou sa fatigue. On l'interrogeait à toute heure, il ne paraissait pas importuné. On l'a vu déposer la chape au moment de donner le salut, pour entendre la confession d'une ouvrière qui ne pouvait attendre.

S'il se prêtait toujours, il se prêtait aussi à toutes les âmes sans faire aucune distinction entre les unes et les autres. Toutes pouvaient venir auprès de lui, bien sûres de trouver un père. « Souvenez-vous, disait saint François de Sales au clergé de son diocèse, que les pauvres pénitents vous nomment leurs pères et que vous devez avoir pour eux un cœur tout paternel, les recevoir avec douceur, supporter avec patience leur rusticité, leur ignorance et tous leurs défauts, comme le père de l'enfant prodigue qui ne se laisse point rebuter par l'état dégoûtant de nudité et de malpropreté où il voit son fils, mais l'embrasse avec effusion, le baise avec tendresse, parce qu'il est père et que le cœur des pères est tendre à l'égard des enfants. »

Des détresses de toute nature venaient se consoler au cœur toujours ouvert de l'abbé Bourbonne; un mot céleste les réconfortait. Quand sa poitrine épuisée semblait lui interdire la parole, il se faisait encore entendre d'un pauvre sourd qui réclamait un conseil ou un encouragement. Plusieurs scrupuleux trouvèrent en lui un ami compatissant et un maître plein de fermeté ; il obtenait d'eux l'obéissance.

Sa charité était « bénigne », condescendante. Pour la consolation des autres, il ne craignait pas dans l'occasion de s'humilier, d'avouer ses combats et comment il en triomphait. Une personne en proie à quelques tourments intimes lui dit un jour : « Vous ne connaissez pas ces choses, vous, mon Père. — Oh ! répondit-il, je suis dans tout cela : hier je ressentais une si forte tentation contre le prochain que je pensais y succomber ; mais, voyant le danger, je courus au pied de l'autel ; après avoir bien prié, j'allai prendre une bonne discipline, puis me confesser, et la paix revint. — Si vous m'entendez chanter l'alleluia maintenant, dit-il une autre fois, il m'en a bien coûté pour en arriver là... — Quant à vos distractions, vous avez fait mon histoire. »

A une âme qui lui parlait de ses rapports avec Notre-Seigneur il dit : « Moi aussi, je fais comme cela... Je suis comme cela, et souvent tourmenté de grandes tentations ; mais je m'en moque. »

Malgré sa condescendance, l'abbé Bourbonne rencontra plus d'une épreuve dans le ministère de la direction des âmes. Il eut à subir des délaissements et des persécutions. Sa charité toujours « patiente » sut vaincre le mal par le bien. En attendant le moment de Dieu, il priait, il souffrait sans devancer l'heure même tardive.

Une longue pratique des âmes et des voies de Dieu lui apprit de plus en plus l'art d'attendre. « La grande perfection consiste à aller après Notre-Seigneur et à le suivre, mais non pas à le devancer. C'est le moyen de conduire les âmes avec assurance et de leur faire faire le chemin que Dieu demande d'elles.... Autrement, on est souvent cause de leurs dégoûts et quelquefois même de ce qu'elles reculent. Il en est d'elles comme des enfants : on les fait tomber lorsqu'on leur fait faire de plus grands pas et qu'on les fait marcher plus vite que ne le porte leur âge (1). »

« La patience tout obtient (2), » y compris les âmes. Elle est un attribut du Dieu éternel, une perfection du Verbe incarné, une vertu chrétienne, la loi de nos rapports mutuels,

1. Olier. *Esprit d'un directeur des âmes.*
2. Sainte Thérèse.

l'exercice même de la charité. — Elle est aussi pour chacun le secret de se posséder soi-même et, pour l'apôtre, celui de conquérir les âmes. Le prêtre coopère à l'œuvre de la rédemption par son travail et sa prière; mais tout autant et peut-être plus encore par une patience à toute épreuve.

L'enfantement des âmes est douloureux. La souffrance accrut la charité de l'abbé Bourbonne et féconda son ministère.

Une femme de la campagne sortit un jour de son confessionnal en disant à haute voix : « Quel saint ! Quel compte vous aurez à rendre, vous qui le voyez si souvent ! »

CHAPITRE SIXIÈME

Année 1876.

Fondation de Moulins. — Retraite à Vaugirard.

Pendant le cours de l'année 1875, le ministère de l'abbé Bourbonne avait pris une grande extension soit dans la chaire, soit au confessionnal.

La divine Providence voulut encore l'appliquer à l'œuvre éminente des fondations.

☩

Saint Dominique, sur le point de mourir, fit à ses frères cette recommandation : « Persistez à servir le Seigneur dans la ferveur de l'esprit ; appliquez-vous à soutenir et à étendre cet ordre qui n'est que commencé ; soyez stables dans la sainteté, dans l'observation régulière, et croissez en vertu (1). » Se développer est la loi de tout ce qui vit : « Croissez et

---

1. Lacordaire. *Vie de saint Dominique,* ch. XVII.

multipliez-vous (1). » Il entre surtout dans les desseins de Dieu que les familles religieuses s'accroissent : en se dilatant elles répandent leur grâce et sont une force au service de l'Eglise.

Les fondateurs ont toujours cherché à propager l'œuvre qu'ils avaient eu la mission de créer ; dans ce but, que n'avait pas fait sainte Chantal? Après avoir établi son Institut à Paris, elle l'avait porté à Dijon, à Orléans, à Valence, à Belley ; quelques années plus tard les Visitandines étaient répandues dans l'Europe ; on les trouve aujourd'hui dans toutes les parties du monde.

Une inviolable fidélité aux règles entretient et renouvelle leur jeunesse, et de leurs monastères bénis sortent des essaims qui multiplient la bonne semence.

Le premier monastère de Paris fut appelé à cet honneur : Mgr de Dreux-Brézé voulut faire revivre la Visitation dans sa ville épiscopale, où sainte Jeanne-Françoise de Chantal avait passé les derniers jours de sa vie.

Le 3 janvier 1876, quelques Sœurs quittaient la rue Denfert-Rochereau pour se rendre à Moulins. L'abbé Bourbonne les avaient prépa-

---

1. Genèse.

rées à leur belle mission. Il les accompagna jusqu'à la gare; au signal du départ, il les bénit.

Peu après il leur écrivait cette lettre :

« Ma très honorée Mère et chère fille, mes filles en Jésus,

« Notre bonne sœur N. vous portera, avec cette lettre, le témoignage de la paternelle et bien profonde sympathie que le cœur de Notre-Seigneur m'inspire pour vos chères âmes et la joie religieuse que j'éprouve en pensant que vous allez faire aimer le divin Maître en ce nouveau trône que vous lui avez dressé. Nous sommes bien au courant de tout ce qui s'est fait en votre petite fondation. Vous voilà donc établies et vraiment fondées en la sainte volonté de Dieu comme des lampes ardentes se consumant devant la divine majesté et des victimes d'amour, immolées par les saints exercices de la prière et de la vie crucifiée et cachée. Je m'unis à vous, mes chères filles, et je vous offre tout de nouveau à Notre-Seigneur pour qu'il jouisse absolument de sa conquête et accomplisse en vous toutes ses volontés adorables et inconnues.

« La délicatesse infinie du cœur de Jésus

vous garde comme la prunelle de l'œil. Priez-le pour ce pauvre qui ne sent que trop le besoin de devenir saintement dégagé de tout le créé, tout en demeurant comme il est aux pieds de Notre-Seigneur,

« Ma Mère et mes chères Sœurs,

« Le très heureux et très dévoué serviteur de vos âmes. »

Quelques semaines après la fondation, pendant le carême, la supérieure de Moulins tomba dangereusement malade : une nouvelle lettre vint consoler les Sœurs affligées.

« Je vous suis mille fois obligé de m'avoir fait connaître la grande peine qui vous menace et déjà vous accable. Nous allons redoubler d'instances auprès de notre bon Dieu, qui ne peut oublier un petit troupeau chéri. Il faut être bien sages, toutes données à la grâce et généreuses en la volonté de Dieu toujours adorable. Mais confiance sans bornes en l'amoureuse Providence, votre vraie ressource et suffisance.

« Je volerai vers votre chère Mère au moindre signe de la volonté de Dieu, que je veux attendre en paix. Demeurez-y bien et toutes nos filles dont je suis toujours vrai et dévoué père en Jésus Notre-Seigneur. »

Les termes de cette lettre font voir avec évidence le lien qui unissait l'abbé Bourbonne aux religieuses de ce monastère. Elles s'avouaient ses filles, et il traitait avec elles tout paternellement.

Après Pâques il fit sa première visite. Avec quelle joie fut-il accueilli ! Il semblait apporter avec lui la consolation et la paix.

A partir de cette époque il revint au moins une fois chaque année. Mgr l'évêque de Moulins l'autorisa à exercer, à toutes ses visites, les fonctions d'aumônier. Il se reposait auprès de ses chères filles. « C'est un repos pour moi, disait-il, de parler à vos âmes de Notre-Seigneur, et de les écouter. » Il voyait en particulier celles qui désiraient l'entretenir. Puis il faisait une exhortation à la communauté. Au moment de la récréation il se rendait au parloir : c'était d'abord un entretien familier et joyeux, mais après avoir donné quelques nouvelles de Paris il revenait aux choses de Dieu... « Mes chères filles, disait-il un jour, je crois que Dieu prépare en ce moment, dans la communauté, un foyer de vie intérieure. C'est pour cela que vous êtes ici. Soyez bien fidèles à votre belle mission. »

L'abbé Bourbonne occupait une petite

chambre située auprès de la sacristie extérieure ; il en sortait pendant la nuit pour passer quelque temps au pied du tabernacle. Plusieurs personnes assistaient par privilège à ses instructions et recouraient à ses conseils.

De retour à Paris il n'oubliait pas le petit troupeau : « Vous savez bien, écrivait-il, que le petit Moulins est toujours dans le cœur de ce père qui ne voudrait vivre et respirer que pour ses chères filles après Dieu. Et je crois que de loin comme de près ses bonnes filles n'oublient pas non plus leur pauvre père. Devenons des saintes et de fidèles consolatrices de Jésus!... *Adveniat regnum tuum!*... Vous êtes au vestibule du ciel, et qu'au ciel Jésus vous bénisse et vous conserve toujours en sa paix. »

Jusqu'à la fin de sa vie l'abbé Bourbonne ne cessa de veiller, avec la plus tendre sollicitude, sur cette communauté naissante. Par ces travaux ajoutés à tant d'autres, son ministère s'élevait : il était maintenant appliqué à une œuvre éminente, celle de soutenir la fondation d'un de ces monastères qui sont la joie de Dieu, le soutien de l'Eglise, le sel de la terre, le contre-poids que la miséricorde oppose aux foudres de la justice divine.

Mais son âme s'élevait aussi. Dieu proportionne ses grâces à la mission de ses serviteurs, et il ne les appelle pas à un grand ministère sans les remplir de l'abondance de ses dons.

A ce moment l'abbé Bourbonne atteignait un haut degré de vie spirituelle. C'est ce que nous révèlent quelques notes écrites pendant une retraite à Vaugirard en juin 1876.

☩

« Je commence cette retraite avec joie, d'autant que le travail de recherche et de retour sur le passé semble déjà fait... et je pose comme un deuxième fondement à ma vie spirituelle en me donnant absolument à mon Roi et Maître, dont je suis résolu de partager la fortune, sans craindre, par la force de sa grâce, les humiliations et les souffrances qui sont les livrées de son sacré service et la mesure de l'amour. Je veux, sous ce rapport, tout ce qu'il veut, et ne me sens pas encore la force de demander autre chose que de le suivre à tout prix. »

« Le royaume de Dieu est au dedans de vous — et aussi mes plus grands ennemis... *Inimici hominis domestici ejus.* — Si j'agis contre eux, je n'aurai pas trop à craindre les ruses ou la force ouverte du démon et du monde. »

Suit cette annotation : « *Stude non tam agere quam agi a spiritu Dei* » (un ancien Père de la Compagnie).

L'abbé Bourbonne se sert des Exercices de la deuxième semaine qui traitent de la Vie de Notre Seigneur. Mais comment ira-t-il à Jésus ? — « ... M'unissant en tout à Marie comme modèle et comme supplément. » Il ajoute : « Je voudrais trouver le moyen de dire le saint rosaire dans ces dispositions. »

Même en le remplissant de douceurs, la retraite ne lui fait pas oublier les âmes, il est père et il le prouve : « Quelques traits d'amour sensible vont atteindre mon indigne cœur : et je ne veux que mieux regarder Jésus-Christ qui est toute ma raison d'être : *mihi vivere Christus!* que m'anéantir... et je prie Notre-Seigneur de percer de ces dards, dussé-je en être privé, les âmes que son Cœur m'a confiées et que je souhaite enfanter par lui et en lui. »

Pour légitimer ces notes que Dieu voulait, sans doute, laisser comme un exemple : « J'écris, dit-il, car on m'y engage : » — il ajoute : « je vais me confesser chaque jour sans revenir sur le passé. »

L'abbé Bourbonne s'attache au livre des Exercices, cherche à entrer dans son esprit, à prier avec sa méthode; il note quelques réflexions. Parmi les moyens d'arriver à l'esprit de foi il cite l'examen, puis l'oraison, au sujet de laquelle il écrit : — « L'oraison doit éclairer et échauffer la volonté : pour cela il faut parler à l'esprit. Il y a trois ordres de motifs qu'il faut faire valoir et que l'on devrait avoir tellement présents en toute rencontre que la vie en soit guidée efficacement : la crainte, l'espérance et un idéal (Jésus-Christ). Tout en connaissant très bien les raisons se rattachant à ces trois ordres de choses, on n'en est frappé que dans la mesure de l'application de l'esprit... Notre-Seigneur vient à nous dans l'oraison : il se cache, c'est vrai, mais il est là; il garde le silence, mais il parle en donnant sa grâce : *Locutio verbi, infusio doni.* »

L'effort de l'âme s'accentue progressivement, il se trahit à chaque page. « Je continue à suivre les mystères : *Magister, sequor te quocumque ieris,* tout en me reposant encore plus dans sa volonté, au-dessus de toute forme et de toute parole... *Amor pares facit aut invenit.* »

Pensant à la mère perle qui reçoit et transforme la goutte de rosée, il écrit : « Belle image de l'âme qui s'élève des profondeurs de sa misère obscure et amère, s'ouvre à l'action divine, la reçoit, la féconde par son travail, et la transforme en une perle de mérite et de gloire.

« O Jésus mon divin *idéal!!* Mais j'ai plutôt besoin de m'anéantir et vous laisser vivre de vous en moi, me posséder et m'informer absolument, que de vouloir être saint et semblable à vous par moi-même ! Glorifiez-vous *hic ure...* Crayonnez, crayonnez, ô douce main. »

Après la citation de quelques textes, vient ce passage dont la forme semble indiquer un fragment de direction :

« *Regnum Dei intra vos est.* Votre défaut dominant, celui qui nuit le plus à votre union intime et constante avec Dieu, c'est de chercher toujours ce que vous tenez depuis longtemps. L'infiniment miséricordieux et infiniment bon Dieu vous a donné, comme vocation, ce que vous avez longtemps désiré, le *saint Abandon*. Ne cherchez plus... *Requiesce in illo.* (St Aug.) *Inveni quem diligit...* Vous arriveriez à une éminente sainteté, avec les grâces qui vous inondent, si vous cessiez de chercher, et que vous contempliez seulement la volonté de Dieu. Cette volonté s'exprime par la raison éclairée et motivée, ou par une révélation certaine. Nous ne pouvons contenter Notre-

Seigneur qu'en agissant selon cette règle ; car de même qu'il a été sur la terre Homme-Dieu, il désire que nous l'imitions en étant hommes raisonnables dans nos actions et surnaturels dans nos intentions. »

Ici reparaît la réflexion personnelle ; touchant l'oraison, l'abbé Bourbonne écrit : « Je prépare mon sujet, je le relis et j'ai toujours l'impression ou plutôt la vue très intime que je ne fais que rester dans des préliminaires déjà posés : et de fait, je n'ai de paix et de repos (quoique non pas sans une certaine peine et labeur, mais d'un autre genre) que quand je pense que Notre-Seigneur est là, au ciel ou en moi, vivant, s'emparant de tout mon être, le purifiant, le réformant, le transformant, et moi, le priant, le glorifiant, m'anéantissant, me regardant de plus en plus comme l'impuissance, l'indignité même et ne souhaitant que d'être avec Jésus, par Jésus, en Jésus, comme Jésus, *victime* et sujet de la gloire de Dieu et du salut des âmes ! »

Il avoue son activité naturelle et la peine qu'il a encore à la vaincre dans la prière : « Souvent la posture humiliée et pénible sert à me tenir dans le recueillement et est comme une petite occupation à mon activité naturelle toujours si vive, et dont la mort et destruction est mon plus grand supplice. »

Abordant le côté pratique, il ajoute : « Je crois que la résolution de ne pas trop m'épancher et même de ne jamais sortir tout à fait de moi, de me modérer en tout (en marge, : *oui!*...) devra être la contre-partie ou plutôt la partie préparatoire et positive de celle de l'abandon, que l'on me dit être pour moi la plus grande volonté de Dieu et ma douce vocation, et du défaut de laquelle j'ai à gémir comme de mon défaut dominant. (Il remédiera, me disait un directeur auquel je dois beaucoup, à deux de vos maladies, le trouble et la précipitation...) »

Après un grand mouvement d'abandon reparaît de suite l'activité. « Il est bon de constater que l'on fait faire à sa volonté des actes positifs : comme quand on prolonge, dans le dégoût, son oraison d'une ou deux minutes.

L'âme reprend ensuite son élan : « J'ai depuis longtemps l'humble et très heureuse espérance que j'aimerai et ferai aimer Jésus. Je me dis souvent, avec d'ardents élans : Quand sera-ce donc?... Et toutes mes continuelles misères ne me peuvent faire perdre cette assurance que je veux voir grandir... »

L'amour de l'abbé Bourbonne éclate, il se trahit lui-même : « Je suis profondément peiné et j'ai le cœur qui saigne quand je vois le bon Dieu blasphémé ou offensé, et que je me rappelle mes si nombreuses infidélités à la grâce... O divin Esprit, que désormais je vous sois docile et admirablement et héroïquement fidèle! Oui, je veux être dans les états pénibles et humiliés de Jésus, je veux être saint par la vertu de son Esprit, je *veux être un saint*, un ange... *Noverim te Domine, noverim me!* »

Après l'élan sublime revient le côté pratique, l'acharnement dans l'effort pour arriver au but. « Le défaut de prière, et d'une prière actuelle assez prolongée, est cause de mon manque de paix et d'à-propos pour toute chose... Oh! qu'il faudrait être comme saturé de prière et plongé comme dans un bain d'amour!... »

Il pèse et pour lui-même et pour les âmes qu'il dirige divers points de spiritualité, règle devant Dieu les soins que sa santé réclame, puis il retombe dans ses élans pleins d'amour. « O pureté de cœur toujours croissante! O docilité au Saint-Esprit toujours plus délicate! J'attends ce double bienfait du divin Cœur de

Jésus, bénissant ma résolution pour cette année, et sans doute pour longtemps, la modération en tout, *habitare secum,* pour que je puisse regarder sans cesse et suivre Jésus agissant en en moi... O Jésus, mon cœur ! ma lumière ! ma vie !... vos âmes ! »

Viennent ensuite quelques réflexions sur l'œuvre de grâce qui se fait pendant la retraite, l'accroissement de lumière et de force qui en résulte pour l'âme, puis ce mouvement d'abandon : « J'éprouve un grand repos, affermissement de foi et d'amour, ce me semble, dans cette tendance générale à vouloir tout ce que Notre-Seigneur veut : ce qu'Il veut pour Lui, pour l'adorable Trinité, pour son Eglise, pour mon âme... J'ai beaucoup à faire encore pour dominer les impressions et n'en pas dépendre servilement : je crois que ce regard et repos en Dieu, Notre-Seigneur, sont mon vrai remède et secours. »

« Cette nuit (à l'oraison) j'ai été plus calme que de coutume, en ayant pris le parti, doucement renouvelé, de rester à la merci du divin bon plaisir. »

Touchant la fidélité au plus parfait, nous lisons : « Je trouve une particulière bénédiction et ressource, même naturelle, à faire chaque chose au moment et pour la mesure qu'il faut, observant ainsi mon vœu de p.... (modestie de l'âme à ne pas articuler ce mot.) — ... à tout remettre, dès le premier temps de la journée, à la direction de la très sainte Vierge. Je répète souvent cet acte, et je sens que tout irait mal si je ne dépendais en tout de Jésus et de Marie. »

L'abbé Bourbonne s'excite à l'union continuelle avec Dieu, surtout dans les conversations; il sent que la tête ne peut porter trop de pensées et qu'il faut lui accorder un repos nécessaire. Au sujet de l'examen particulier, il écrit : « Arriverai-je au calme suffisant pour faire, en toutes les règles prescrites par saint Ignace, l'examen particulier ? Je crois que sans cet exercice rigoureusement accompli jamais je n'aurais assez d'humilité devant Dieu, quoique j'aie l'espérance que le saint abandon me donnera l'amour... »

Le dernier mot est un conseil reçu, dans le sens de l'abandon : « Oui, soyez fidèle et laissez-vous conduire par le Saint-Esprit. »

☩

Ainsi est révélée l'œuvre de Dieu : l'abbé Bourbonne a commencé cette retraite, libre à l'égard du passé ; ses dernières inquiétudes ont disparu ; la grâce s'empare entièrement de lui : Jésus-Christ est son idéal ravissant : *Noverim te!...* Il sera saint, ange, héroïquement fidèle, victime pour la gloire de Dieu et le salut des âmes, auxquelles il sacrifie sa propre consolation. Il se donne, en s'abandonnant sans réserve à ce que Dieu voudra et aux motions de son divin Esprit ; c'est l'apôtre, c'est l'enfant de Dieu, car « ceux qui sont conduits par l'esprit de Dieu sont les enfants de Dieu ».

CHAPITRE SEPTIÈME

Dévouement à la Visitation.

Fondation de Bordeaux (1877).
Sollicitude de l'abbé Bourbonne à l'égard des Sœurs,
des Supérieures, de la Communauté, de l'Institut.

La fondation de Moulins était à peine achevée ; une seconde se fit l'année suivante à Bordeaux.

Les Sœurs chargées d'accomplir cette œuvre trouvèrent un secours précieux dans le dévouement de l'abbé Bourbonne.

Voici leur témoignage à ce sujet :

« La reconnaissance nous oblige à dire quelque chose de ce que fut M. l'abbé Bourbonne pour la Visitation de Bordeaux. La fondation s'en fit au mois de juin 1877, et notre bon père voulut bien accompagner les Sœurs fondatrices. Il fut doublement et plus particulièrement encore l'ange consolateur de la petite troupe, et le père dévoué qui prenait pour lui toutes les sollicitudes. Il rejoignit les Sœurs de la fondation à Orléans, où elles s'étaient arrêtées, et ne les quitta plus jusqu'à Bordeaux.

« Elles remplissaient un compartiment entier, et cette petite communauté fit le plus saint voyage sous la conduite d'un si bon guide. La règle était observée, le silence gardé, la récréation faite joyeusement et pieusement, le repas pris avec une simplicité digne des agapes des premiers chrétiens. De temps en temps une petite exhortation venait ranimer leurs âmes, les encourager au sacrifice et les préparer à leur mission de dévouement.

« Arrivé à Bordeaux, M. l'abbé Bourbonne voulut bien partager les démarches et les préparatifs de l'installation : il assista, le 22 juin, à l'établissement du monastère par Mgr de la Bouillerie. La veille déjà il avait également assisté Sa Grandeur pour la bénédiction de la petite maison. Chaque soir notre bon père voulait bien nous faire le mois du Sacré-Cœur : il eut même la charité de nous confesser une fois encore, dans un confessionnal improvisé : un rideau devant une porte. Le 23, dès le matin, il disait la messe et repartait seul pour Paris. C'était la consommation du sacrifice. La clôture n'était pas encore mise, nous pûmes toutes le reconduire jusqu'à la porte !... Que ne perdions-nous pas ?... Quel dépouillement pour celles qui, depuis cinq ans déjà, goûtaient de plus en plus le bien immense de sa direction !

« Mais il n'abdiqua jamais son titre de père, et il continua d'éclairer, d'encourager ses filles exilées, par ses lettres d'abord, puis par ses bonnes visites. Chaque année nous procurait cette précieuse consolation, quelquefois même jusqu'à deux fois.

« Elle nous fut renouvelée, cette même année 1877, deux mois seulement après notre installation. M. l'abbé Bourbonne était souffrant, on l'avait envoyé à Arcachon pour se remettre, et de là il venait trois ou quatre fois par semaine nous visiter, nous encourager, nous instruire. Il nous semblait avoir fait une retraite lorsque le bon père nous quittait, après nous avoir consacré trois ou quatre jours. Pendant ce temps il confessait la communauté une ou même deux fois, la voyait au parloir pendant les récréations, faisait quelques instructions et la comblait de bienfaits, même dans l'ordre matériel.

« A l'un de ses premiers voyages, il s'aperçut qu'il n'y avait sur l'autel que quatre pauvres chandeliers en cuivre ; il les remplaça de suite par une jolie parure, y ajouta des candélabres pour le salut, etc... Notre bibliothèque lui doit une partie de ses petites richesses. A chaque voyage il donnait le pain bénit à la communauté, même aux portiers, et nous munissait toujours de quelque bonne provision. A l'une de ses dernières visites il nous donnait une très belle garniture d'autel avec l'aube du même travail... Depuis le commencement de la fondation il s'était chargé de fournir l'encens nécessaire au service de l'autel. Son dernier envoi nous arriva après sa mort.

« Nous ne voudrions pas omettre de parler d'un des fruits les plus précieux des visites de M. l'abbé Bourbonne : son intérêt paternel et sa discrétion le rendaient le lien le plus intime qui pût exister entre notre cher monastère fondateur et notre communauté. Il nous en apportait les nouvelles, les encouragements, les sollicitudes, et lui reportait nos difficultés, nos espérances, nos besoins. N'est-ce pas à ce bon père que nous devons en partie cette filiale et respectueuse intimité dans laquelle il nous est donné d'être restées avec notre cher monastère de Paris?

« Que de grâces précieuses et de bienfaits nous sont venus par notre vénéré père? nous ne saurions assez en bénir Dieu, et notre reconnaissance ne l'oubliera jamais. »

✠

Il est facile de voir par ce touchant récit ce qu'était devenu le ministère de l'abbé Bourbonne à la Visitation.

Il y avait cinq ans à peine qu'il était aumônier du premier monastère : pendant ce court espace de temps que de travaux accumulés ! que de bien accompli parmi les Sœurs, les Supérieures, la Communauté, l'Institut !

Outre l'enseignement général donné dans les instructions, les Sœurs recevaient sa direction particulière ; son secours ne leur manquait ni dans les retraites annuelles, ni dans aucun de leurs besoins. C'était pour elles une paternité sans intermittences et sans démenti. Quand venait la maladie, elles l'appelaient à leur chevet. Habitué à souffrir, il comprenait leurs souffrances ; mais comme il connaissait le prix de la croix, il cherchait à la faire aimer ; son cœur délicat lui suggérait mille attentions. Il multipliait ses visites autant que les règles et les usages le permettaient. Avec quelle piété il les préparait à la communion ! Ce n'était pas un froid ministère, une simple cérémonie. Plein de foi et d'amour, il « tirait du bon trésor de son cœur » des paroles qui échauffaient les âmes. Mais son zèle s'accroissait et prenait la plus grande intensité aux approches du dernier moment... Après avoir entouré ces âmes de toute sa sollicitude il voulait, par un effort suprême, les jeter en Dieu ; il les aidait aussi à parfaire le sacrifice et apportait la consolation jusque dans la mort. Ce spectacle faisait aux Sœurs une si douce impression que toutes eussent désiré mourir aidées de son ministère. Comme elles lui exprimaient un jour ce souhait, il répondit gracieusement : « Je vivrai jusqu'à quatre-vingt-dix ans ; je veux vous voir toutes aller au ciel avant moi. » Mais la dernière année de sa vie il ne tint plus le même langage : n'avait-il pas déjà le pressentiment de sa fin prochaine ?

Dévoué à chaque membre de la communauté, l'abbé Bourbonne l'était plus encore à la supérieure qui en a la garde. Il avait à cœur de l'aider dans la grande tâche que saint François de Sales dépeint en ces termes :

« Comme l'âme et le cœur répandent leur assistance, mouvement et action en toutes les parties du corps ; aussi la supérieure doit animer de sa charité, de son soin et de son exemple toute la congrégation, vivifiant, par son zèle, toutes les Sœurs qui sont en sa charge, procurant que les règles soient observées le plus exactement qu'il se pourra, et que la mutuelle charité et sainte amitié fleurissent en la maison; et pour cela elle ouvrira sa poitrine maternelle et amiable à toutes ses filles également...

« En somme, la supérieure se doit tenir si bien auprès de Dieu qu'elle soit le miroir et le patron de toute vertu parmy les Sœurs, et qu'elle puisse puiser dans le sein du Sauveur la force et la lumière dont elle a besoin (1). »

Mais quel fardeau est le sien! Lorsqu'une supérieure envisage à la lumière d'en haut l'étendue de sa mission, la responsabilité qui pèse sur elle, les grâces qui lui sont nécessaires, avec quel bonheur n'accepte-t-elle pas le concours d'un homme de Dieu! Ce concours, l'abbé Bourbonne ne le refusa jamais; s'il ne prévenait pas, il était toujours disposé : la supérieure le tenait au courant de toutes choses et ne faisait rien d'important sans solliciter ses conseils. La confiance qu'on lui témoignait n'avait d'égale que sa discrétion; il donnait humblement son avis et se rangeait sans peine au sentiment des autres; il s'accommodait

1 *Constitutions de la Visitation,* ch. XXIX.

à toute exigence comme à tout désir motivé. Au moment d'un voyage, il changea trois ou quatre fois dans un même jour l'heure de son départ, pour ne gêner en rien les dispositions des Sœurs. Plusieurs supérieures le connurent et apprécièrent la grâce que Dieu leur donnait dans son appui.

Aussi son influence était grande auprès de la communauté. Le respect qu'on avait pour sa vertu rendait gracieux tout ce qui venait de lui. Une confiance mutuelle donnait lieu à des rapports pleins d'aisance et de cordialité. C'était comme un assaut de prévenances entre les Sœurs et l'aumônier; et dans ce duel charitable où les attentions réciproques appelaient toujours de nouvelles attentions, personne n'avait le dernier mot. Les Sœurs, unies ensemble, soumises à leur supérieure, filiales envers leur « ange visible », formaient une famille... Après chacune de ses absences il voyait paternellement la communauté au parloir, rendait compte de ses courses, et répondait aux questions qu'on lui posait. Ces réunions augmentaient encore l'affection mutuelle, et faisaient sentir à toutes la joie de vivre dans une parfaite union de sentiments et de cœurs.

L'action de l'abbé Bourbonne s'étendait

plus loin. Un lien, de jour en jour plus étroit, l'unissait à la Visitation. En 1875, après avoir reçu à Paray-le-Monial, avec une lettre d'affiliation, la croix de l'Institut, il témoignait sa reconnaissance en ces termes : « Le bon Dieu veut donc m'attacher à sa chère Visitation par le plus doux et le plus intime des liens; et c'est donc aussi par le divin Cœur de Jésus, en son nom, que cette faveur m'est faite! Je ne sais que dire, mais je suis reconnaissant, humilié, heureux tout à la fois. » Ses fréquents pèlerinages à Paray-le-Monial, foyer de la dévotion au Sacré-Cœur, et à Annecy, berceau de la Visitation, scellèrent de plus en plus le lien auquel Dieu voulut attacher toujours de nouvelles grâces. Nous le verrons écrire d'Annecy, le 20 août 1885 : « Je touche le cher berceau de notre saint ordre; je vais donc reposer quelques heures à l'ombre de nos saints; je me réjouis de pouvoir leur offrir vos cœurs. » Et le 18 août 1887 : « J'ai de mon mieux offert à nos saints toutes vos âmes dès l'arrivée; j'ai comme une preuve qu'elles consolent nos bien heureux. » Plus tard, en racontant les fêtes à l'occasion du doctorat de saint François de Sales : « On m'a confié, sans doute comme au plus ignorant, la très précieuse pièce du doctorat, que j'ai ainsi tenue sur un magnifique coussin auquel, bien souvent, j'ai substitué vos cœurs... Oh! comme notre bon saint est aimé céans! »

Combien encore de visites ne fit-il pas dans lesquelles il servait d'intermédiaire entre les diverses maisons de l'Institut! Que de choses pourraient être dites à ce sujet! Les œuvres de l'abbé Bourbonne, cachées au monde, ont trouvé en Dieu leur récompense. Les âmes qui en ont été les heureux témoins regardent comme un devoir d'en conserver le souvenir. Leur reconnaissance sera bénie de Dieu.

En tous cas, il n'est pas exagéré de dire que le nom de l'abbé Bourbonne, vénéré au premier monastère de Paris, intimement lié aux fondations de Moulins et de Bordeaux, laissera, pendant longtemps, un doux parfum de grâce dans bien des communautés de l'Institut.

CHAPITRE HUITIÈME.

Ministère au pensionnat.

Catéchismes. — Direction. — Dévouement paternel.

Parmi les fonctions que l'abbé Bourbonne remplit au premier monastère de la Visitation, une des plus importantes fut le ministère du pensionnat.

Cinquante élèves de huit à dix-sept ans reçurent son dévouement. Petit troupeau sans doute, « *Pusillus grex* », mais vu le soin qu'il en prit, le labeur fut grand et l'œuvre féconde.

Là il dut être catéchiste, directeur et père.

✠

Le Seigneur a dit à ses apôtres : « Enseignez. » C'est leur première mission, parce que le premier besoin des âmes est de connaître Dieu. Rien n'est plus cher au cœur du prêtre.

L'abbé Bourbonne fit d'abord le catéchisme ; mais, sous l'inspiration de sa foi, de son amour et de son zèle, ce catéchisme fut une œuvre peu commune. Il s'adressait, il est vrai, à des âmes entourées des soins les plus vigilants.

Comment procédait-il? Le voici.

Les enfants se réunissaient au parloir. L'aumônier s'approchait de la grille, les mains jointes, et disait : « Mes enfants, le bon Dieu est ici : c'est sa doctrine que nous allons étudier. Quelle grâce! Oh! il faut nous préparer par une bonne prière. » Il se mettait ensuite à genoux, et, pour les disposer à bien prier, il ajoutait souvent : « Il faut prier à genoux, le corps droit, la tête légèrement inclinée en avant, mais pas de côté, les yeux baissés, les mains jointes. » Alors seulement il faisait le signe de la croix : une enfant récitait la prière à haute voix; pendant ce temps il surveillait sa petite famille d'un regard qui avait la réputation de tout voir et de dire toujours : « Soyez meilleurs. » S'il avait surpris quelque défaut dans la prière : « Mes enfants, disait-il, on ne prie pas; il y en a qui ne prient pas... allons, faisons mieux! » et il répétait quelques aspirations. — Il parvenait ainsi à faire comprendre l'importance du catéchisme et la nécessité de la prière pour obtenir la lumière de Dieu.

La séance commençait par la récitation; il

ne faisait pas grâce d'un mot, par respect pour la lettre, et pour stimuler l'ardeur des enfants. Au reste cette exigence n'avait rien d'excessif à la Visitation. Venait ensuite une explication simple, à la portée de toutes, même des plus petites. Pour assurer la précision de l'enseignement, il avait ajouté une feuille de commentaire à chaque page du catéchisme. Sa manière de parler, toute pleine de sollicitude, laissait voir à son jeune auditoire le grand désir qu'il avait d'éclairer et de convaincre. Il terminait toujours la leçon par quelque conclusion relative à la vie chrétienne ; et tout, finalement, « tournait à l'amour de Dieu ».

Le catéchisme de persévérance avait la même allure. Seulement l'enseignement était plus développé ; plus d'une fois l'abbé Bourbonne consacra une partie de la nuit du samedi au dimanche à préparer l'instruction du lendemain. Son désir de répondre aux besoins des âmes ne lui permettait pas de s'arrêter à une instruction toute faite, lorsqu'elle ne donnait pas satisfaction à sa manière de sentir.

Les réunions des enfants de Marie, auxquelles prenaient part les anciennes élèves du pensionnat, lui fournissaient l'occasion de compléter son œuvre. Il les exhortait à la vie chrétienne en leur parlant de la prière, des sacrements, de la vertu; de la violence que l'âme tombée doit se faire pour aller à Dieu. Il leur prêchait l'amour divin, la douceur du joug de Jésus-Christ, la croix, la parole : « Si quelqu'un veut être mon disciple, qu'il se renonce lui-même et porte sa croix. »

On voit par là que l'abbé Bourbonne parlait à ses enfants comme aux fidèles et aux religieuses elles-mêmes. S'il enseignait en détail les articles de foi, les préceptes du décalogue, la grâce et ses canaux, il aboutissait à cette conclusion : « *Porro unum est necessarium.* — Tout est vanité, hormis aimer Dieu et le servir. »

Au commencement, les enfants eurent quelque difficulté à le suivre; bientôt elles furent gagnées, et les plus grandes apprécièrent la grâce d'un tel catéchisme.

✠

A l'instruction s'ajoutait la direction des âmes au confessionnal.

« Des enfants qui étaient devenues les petites filles de saint François de Sales, devaient se distinguer toute leur vie par une vraie piété. Il s'agissait, pour elles, de profiter du temps de leur éducation, et de ne pas laisser tomber en vain les grâces de choix qui leur étaient données. — L'amour de Notre-Seigneur, la piété filiale envers la très sainte Vierge, des communions fréquentes mais bien préparées et suivies d'efforts, la connaissance des défauts, les petits sacrifices, la fidélité aux devoirs d'état, compris, pour elles, dans l'observation du règlement qui devait les préparer aux devoirs qu'elles auraient un jour à remplir au milieu du monde... », tel était le thème de sa direction.

Ce seul énoncé n'en fait-il pas comprendre toute la portée ? « La vie chrétienne consiste principalement en deux choses : l'état de grâce et l'observation des préceptes (1). »

Avant tout, l'abbé Bourbonne ne laissait pas les âmes dans le péché; il voulait qu'elles fussent purifiées à fond. Cette grâce était habituellement attachée à son ministère. Il leur inspirait l'horreur du péché, et appuyait sur la nécessité d'en fuir les occasions.

Les plus grandes se confessaient tous les quinze jours, mais elles pouvaient faire plusieurs communions. Il prenait cette mesure en prévision de l'avenir, « pour qu'on ne prît pas

---

1. Dom Guéranger

l'habitude de tourner autour d'un confesseur »,
et qu'on s'efforçât de garder la pureté de conscience. Mais chaque fois qu'elles demandaient
à le faire en dehors de cet intervalle, il ne le
refusait pas; seulement il fallait y mettre le
prix, c'est-à-dire des efforts et des œuvres. Il
faisait ainsi comprendre l'excellence de la communion et la préparation qu'elle demande.

Avec quel zèle il éclairait les âmes sur leurs
défauts, les exhortant à les reconnaître et à
les avouer devant Dieu! Il leur apprenait à engager la lutte contre le vieil homme, en particulier contre la vanité et l'amour-propre.

Un de ses grands moyens fut la dévotion envers la très sainte Vierge. Il habituait ses
chères enfants à recourir à la Reine du ciel.
Avaient-elles une tentation ou une difficulté, il
leur faisait réciter à plusieurs reprises la prière:
« O ma Souveraine, ô ma Mère!... » Parmi les
âmes fidèles à cette pratique, les unes trouvèrent la guérison, d'autres furent préservées;
d'autres encore rencontrèrent l'inspiration
d'un bien meilleur et d'une plus grande vertu.

✠

Tel était le fruit du ministère de l'abbé Bourbonne auprès de ses chères enfants. Mais pouvait-il être un si zélé catéchiste, un si bon directeur, sans être en même temps pour elles le père le plus dévoué?

S'il se montrait inflexible quand il s'agissait du bien commun, s'il ne craignait pas même de demander un renvoi pour éloigner une mauvaise influence, quel n'était pas, en toute occasion, son dévouement? Toujours digne et réservé, mais affectueux, il rendait le recours à lui facile et l'on ne craignait pas de le demander.

Quels encouragements et quels sages conseils ne donnait-il pas aux maîtresses du pensionnat pour les soutenir dans leur mission?

Sa bienveillance le portait à s'intéresser aux fêtes et aux congés des enfants. Si le monde ne franchit jamais le seuil de la Visitation, la comédie y trouve quelquefois sa place, mais elle est morale et fidèle à son but : « elle châtie les mœurs en riant — *Ridendo castigat mores.* » Une pensée de dévouement avait inspiré aux charitables maîtresses la composition d'une pièce en vue de critiquer les défauts des jeunes filles. Le succès fut complet. L'abbé Bourbonne en prit connaissance : « Cela m'éclairera, » dit-il.

Le mardi gras, avait lieu une loterie en faveur d'enfants pauvres; disposé à tout bien il n'oubliait pas les lots : c'était une occasion d'utiliser les cadeaux qu'il avait reçus, et de donner à ses enfants la double leçon du détachement et de la charité.

Il donnait aussi son concours pour le chant. Tantôt il veillait à la prononciation correcte du latin; tantôt il les guidait dans le choix des cantiques; il voulait surtout que le chant fût une prière. « Je n'aime pas un chant forcé, disait-il, il faut qu'il parte du cœur. »

Ainsi l'abbé Bourbonne joignait au ministère de l'enseignement et de la direction une douce paternité. Il condescendait, et ses enfants, le voyant de plus près, lui étaient d'autant plus soumises.

Combien sont revenues au pensionnat de la Visitation chercher ses conseils? combien reçurent même de loin sa direction? L'âge est venu pour plusieurs; à distance elles apprécient, à son juste prix, la grâce d'avoir été les enfants de l'abbé Bourbonne.

CHAPITRE NEUVIÈME

Exhortations aux enfants du pensionnat.

Prière. — Don de l'âme à Dieu.
Union à Jésus-Christ. — Mortifications. — Pureté du cœur.
Pensées détachées.

Quoiqu'il reste peu de chose des exhortations de l'abbé Bourbonne à ses chères enfants, nous cédons au désir qui nous a été exprimé en donnant ici quelques-uns de ces fragments. Puisse Dieu leur conserver la grâce qu'il daigna attacher aux paroles de son serviteur !

Dans ces petits mots de piété, l'abbé Bourbonne parlait sans autre souci que celui du bien spirituel; il attaquait les défauts, enseignait à les combattre, montrait ce qu'est la vraie vertu et le service de Notre-Seigneur; il excitait ses enfants à la générosité, à l'amour pur, à la lutte, fondement et condition de toute vie chrétienne.

« Pas de vertu sans acte, leur disait-il; pas d'amour sans sacrifice. » — « Une âme qui vit de la foi est une âme à l'usage de Dieu. » —

« Une âme en état de grâce a une beauté si grande qu'elle est le bijou de Dieu. » — Il leur disait encore : « Votre âme est comme un riche présent dont vous êtes les donatrices; mais soyez des présents ayant conscience de leur valeur, heureuses de leur destination; dites au bon Dieu : Mon Dieu, je suis à vous; j'en suis bien heureuse; mon bonheur est de demeurer à votre usage, à votre service.

✠

Leur révélant le grand secret de la prière : « Saint Thomas, disait-il, définit la prière : *Un mouvement de l'âme vers Dieu,* mouvement de l'âme et non mouvement des lèvres ou du corps, pour montrer qu'elle ne consiste pas dans un acte seulement extérieur; mouvement vers Dieu : elle n'est réelle qu'à ce prix. — Comptez uniquement sur Notre-Seigneur; il est heureux que vous lui tendiez la main, que vous lui demandiez son appui; il y trouve sa gloire. Votre pauvreté l'honore quand vous recourez à lui parce qu'il est le souverain riche; il est glorifié de votre faiblesse et de votre misère parce qu'il est tout-puissant et rempli de miséricorde. »

Que ne faisait-il pour obtenir de ses enfants la persévérance dans la prière? Il leur montrait la gloire de Dieu, il leur montrait aussi le salut de leur âme : — « Quand une âme prie, elle est sauvée. On évite parfois de prier parce que cela demanderait un effort, et plutôt que de se donner un peu de peine, on conserve son malaise. Un cœur filial dirait à Dieu : Je souffre, aidez-moi ! Quand un enfant lui parle ainsi, Dieu se penche vers lui, le caresse, lui fait trouver facile ce qui lui paraissait impossible. » — « Par la prière, ajoutait-il, votre conscience sera éclairée, fortifiée, purifiée. La mesure de votre prière sera celle de votre force. Si vous priez peu, vous obtiendrez un petit secours, et c'est parce que vous priez si peu que vous êtes très faibles. Si vous priiez beaucoup, vous seriez fortes, vous arriveriez à prier sans cesse; par l'union habituelle avec Dieu, vos ennemis seraient impuissants à vous vaincre. »

Il disait l'efficacité de la prière; il en faisait connaître aussi la simplicité. — « Notre-Seigneur est notre divin supplément; nos prières seront d'autant meilleures que nous y mettrons moins d'activité propre et plus de Dieu. Il faut une grande liberté dans l'union au bon Dieu. Quand le livre nous dit moins que notre cœur, fermons-le et laissons parler notre cœur. Anéantissons-nous dans l'amour, le repentir, la demande, car dans nos prières le but que nous devons toujours nous proposer est l'union à Jésus-Christ. »

☦

Après avoir montré que la prière élève l'âme vers Dieu, l'abbé Bourbonne enseignait comment l'âme doit se donner et se livrer à Dieu.

« Le secret de la sainteté, c'est de nous livrer à Dieu et de coopérer à la grâce à chaque instant, afin que tout retourne à Dieu, parce que tout vient de Lui. »

— « La valeur, la couleur, le poids d'une âme, c'est son amour. Tant que nous nous réservons un petit coin, notre cœur n'est pas donné, nous sommes esclaves. De même que l'oiseau est captif, qu'il soit retenu par un fil d'or ou par une corde de chanvre, de même la plus petite attache nuit à sa liberté. » — « ... Si on ne se donne pas à Dieu, mes enfants, c'est par orgueil; suivant une expression bien familière mais bien vraie, on veut être le bourgeois de son cœur! Eh bien, non, la volonté de Dieu doit être reine et souveraine de ce cœur. » — « Quand une âme s'est bien donnée à Dieu, disait-il encore, les trois quarts de la besogne sont faits : elle n'a plus peur de Dieu;

elle conserve cette crainte filiale qui accroît son amour, mais elle ne tremble plus servilement ; elle sent la souffrance, mais elle en vient à la porter avec joie pour l'amour de Dieu ! » — « Mes enfants, taisez-vous... et vous verrez des choses merveilleuses. Si vous savez garder le silence avec ponctualité, Jésus vous fera expérimenter la douceur de sa parole. Soyez toutes petites pour être prises par Notre-Seigneur ; toutes simples, c'est-à-dire n'ayez plus qu'un sentiment dominant, l'amour divin... Et puis n'oubliez pas que la faiblesse est faible, que la souffrance fait souffrir... reconnaissez humblement votre misère et dites chaque matin : *Nunc cœpi.* »

☩

L'abbé Bourbonne pressait les enfants de se donner à Dieu, il les attirait vers Notre-Seigneur non pas uniquement pour jouir de lui, mais pour puiser la vie dans sa source et pour grandir.

« Joignez à la soif de l'Eucharistie une grande faim de mortification : alors vos communions vous seront vraiment utiles, car la communion doit faire dans l'âme le fruit qui a été préparé à l'avance par des efforts généreux. »

« Si vous ne vous sentez pas le courage de lutter contre vous-mêmes, abstenez-vous de la sainte communion : car celui qui ne travaille pas, qui écoute la parole de Dieu sans la pratiquer, celui-là ne doit pas manger. Ah! plutôt, gagnez ce Pain céleste qui vous fera vivre d'une vie d'innocence, d'humilité, de travail, de douceur. Que si une semaine vous sentez n'avoir pas mérité votre nourriture, retirez-vous avec humilité, disant : Je ne l'ai pas gagnée… Consultez pour ne pas vous tromper… — Regardez Celui qui veut bien être votre divin exemplaire, Jésus mortifié… Jésus crucifié… Jésus doux et humble de cœur… Pourrez-vous alors ne pas reconnaître avec humiliation et sincérité que vous êtes bien loin de votre modèle… ? En quoi… pourquoi cette différence ?

☩

De l'union à Notre-Seigneur, l'abbé Bourbonne déduisait, comme conséquence directe, la nécessité de la mortification. Il voulait, par-dessus tout, former des âmes généreuses, faire comprendre que le véritable amour se développe dans le sacrifice.

Empruntant une comparaison familière : « Le pêcheur, disait-il, ne tend pas au poisson l'hameçon sans l'appât ; mais il ne lui donne pas le ver sans l'hameçon. Dieu agit de la sorte avec nous ; il nous attire par l'appât de sa douceur et nous prend à l'hameçon du sacrifice. Aussi, quand vous sentez une petite consolation, pensez qu'elle annonce un sacrifice et dites de suite : Que voulez-vous de moi, mon Dieu ?... Et puis, prouvez que vous voulez aimer en vous donnant.

Un autre jour, abordant directement le sujet, il disait à ses chères enfants : « Est-ce parce que Notre-Seigneur ferait entrer son amour dans votre cœur par la souffrance que vous ne le trouveriez pas bon ?... Les âmes les plus heureuses sont les plus souffrantes... Serez-vous assez aimées pour avoir cet heureux partage de la souffrance ?... Au lieu d'agir par impression comme les animaux, qui suivent leur instinct, agissez par réflexion, ne faites pas croire que la croix est trop lourde, ne boudez pas Dieu lorsqu'il vous donne la meilleure part !

« Hélas ! nous avons tous été mordus par le serpent et cette morsure est inguérissable... Quiconque mène une vie insouciante laisse son âme ouverte comme une place publique, le mal y entre par tous les pores... Sans sérieux il ne saurait y avoir de conviction, et c'est cette dernière qui mène à la sainteté : Que nos petites peines soient pour Dieu, et qu'en toutes choses nous sachions faire cette part-Dieu ! C'est une petite mortification, un léger sacrifice que personne ne voit... Cachons notre petit trésor, mais donnons des actes dans le secret, et notre Père, qui voit dans le secret, nous le rendra ! »

Que de fois ce vrai père revenait à la charge pour décider ses enfants au sacrifice ! — « Ne vous payez pas d'apparence, leur disait-il : Votre âme ne sera pas nourrie de l'apparence du bien... du beau... de l'excellent... il lui faut le solide dans l'excellent, dans le beau, dans le bien. Oui, nous aimons les vertus qui nous exaltent, mais la douceur, l'humilité, le sacrifice, le travail, c'est autre chose... Mes enfants, on ne s'improvise pas saint ; il faut y travailler toute sa vie pour y arriver un jour. »

Que de fois il leur montrait l'exemplaire de toute vertu : « Jésus-Christ, notre modèle, a souffert pour nous, en son corps, en son âme, en son cœur ; que prétendrions-nous faire sans la croix, sans la souffrance ?... — La marque assurée que Satan ne règne pas chez vous, c'est si vous n'êtes pas exemptes de peines, de souffrances ; il ne murmure que parce que vous lui échappez... — Comment, vous avez le libre arbitre pour offenser Dieu, et vous n'en auriez pas assez pour lui rendre la gloire de vous montrer très fidèles à son service ?... »

Il voulait les âmes résolues au sacrifice et à tout sacrifice, malgré les répugnances de la nature, malgré les exemples du monde. C'est ainsi qu'il disait : « N'agissez pas avec l'esprit du monde, considérant ce qui vous plaît et ce qui vous déplaît. Devenez des âmes vraiment vaillantes ; que chacune de vous se dise : Je travaillerai à mon salut ; quand tout, autour de moi, périrait, je serai sainte, et bien vite !... Mes enfants, vous avancerez promptement si vous êtes fidèles : Dieu donne sa toute-puissance à qui veut énergiquement. — Que parmi vous on ne voie pas de découragement, cette ressource des lâches... point de dépit des fautes ; c'est l'orgueil qui le cause toujours. »

Se mépriser, se vaincre, se renoncer, voilà ce que l'abbé Bourbonne montrait comme une nécessité pour le relèvement de l'homme déchu : « Qu'avons-nous par nous-mêmes ? Le péché ; et par suite nous ne méritons que le mépris. Nous sommes néant, et au néant n'est dû que l'oubli. Laissons donc murmurer notre nature ; il ne faut pas seulement ne tenir aucun compte de ses murmures, il faut agir contre eux, et si nous ne savions le faire, nous ne serions que des fantômes de dévots, qui communient et ne font pas de sacrifices. — Les portes de l'amour divin nous sont ouvertes, mais à la condition de l'oubli et du mépris de nous-mêmes.

« S'aimer soi-même, c'est être son propre bourreau : Aimer la créature, c'est se constituer esclave. Ah ! sans doute, pour être tout à Dieu, il faut lutter en soi et hors de soi ; mais tout cela n'est rien, moins que paille, quand on a la foi en Dieu. Ne quêtons pas à droite et à gauche pour trouver le bonheur, il est en nous si nous donnons entrée à Jésus ! — C'est presque toujours sous la forme d'un sacrifice que la grâce s'annonce à l'âme. »

Ainsi ce maître habile, après avoir montré l'austérité de la vie chrétienne, en montrait la douceur : c'était un rude combat, mais aussi quelle victoire !

✠

L'abbé Bourbonne voulait pour ses enfants toutes les délicatesses d'un cœur pur.

« Le cœur pur écoute la voix de Dieu et donne ce qu'elle lui demande ; il saisit chaque occasion de se mortifier pour Dieu, et il y en a tant de ces petites occasions !... se tenir un peu mieux ; s'appuyer un peu moins ; ne pas changer constamment de position ; savourer un peu moins ce qui plaît au goût, un peu plus ce qui lui déplaît. Peut-être la difficulté de cette vigilance vous effraye-t-elle, mais songez que c'est à elle qu'est attachée la pureté du cœur, que c'est à ce prix qu'on acquiert comme une sorte de splendeur qui est une prédication vivante. Si vous sentez votre âme faible comme un roseau, mettez-la entre les mains de Notre-Seigneur et elle deviendra un cèdre inébranlable.

« Pureté du cœur, paix du cœur ; l'une conduit à l'autre : en sevrant l'âme des joies terrestres, on lui assure la joie du ciel.

« Accoutumez-vous à ne rien donner d'inutile à votre nature, vous aurez la paix du cœur, vous croîtrez dans l'amour de Dieu, car ce divin amour est un brasier qui ne peut s'alimenter que du bois du sacrifice. — Si vous voulez garder la pureté de votre âme, ayez soin de vous mortifier, rappelez-vous qu'il n'y a pas de vacances pour la vertu. — Donnez-vous sans réserve ; un présent n'est grand qu'autant qu'il est entier... Pour cela acceptez la lutte. La paix ne consiste pas à ne point combattre, mais à remporter la victoire. »

✠

De toutes choses, l'abbé Bourbonne tirait un enseignement salutaire. La fête des saintes Reliques lui inspire cette pensée : « Vous aimez les reliques des saints, augmentez encore cette dévotion si bonne, mais surtout pensez que vous êtes des reliquaires, des ciboires, et plus que cela ! car le ciboire que nous consacrons d'une manière si spéciale, que nous ne touchons qu'avec respect, contient Notre-Seigneur, mais n'en a point conscience, tandis que vous jouissez quand vous possédez l'Auteur de la grâce ! »

Quelques jours avant Noël il oriente ainsi ses enfants : « Préparez la voie du Seigneur. » La mortification prêchée par l'Évangile ne serait-elle pas obligatoire pour la sainteté, que la sagesse et le bon sens la commanderaient encore... Les anges chanteront bientôt : « Gloire à Dieu... Paix aux hommes... » Mais ce sera au-dessus d'un petit enfant qui souffre et qui pleure ! — Rectifiez votre volonté, c'est elle qui fait le mal... faites passer cette liberté, souillée par tant de fautes, dans le creuset de la mortification, elle en sortira purifiée, redressée et fortifiée. »

Au 10 janvier 1875 il disait : « Vos âmes

sont les présents que nous voulons offrir à Notre-Seigneur... — De grâce, pendant cette année ne contristez pas son cœur par des péchés volontaires, par le consentement au désir de vous plaire, par un manquement à la règle : il vous semble que par ces actes vous trouveriez le bonheur, mais vous ne rencontreriez au contraire que tristesse. Abandonnez à Dieu le soin de votre bonheur ; lorsque vous serez tout à Lui, il vous comblera d'une joie qui surpasse tout ce que vous pouvez imaginer. — L'ombre du péché est une peine pour une conscience délicate ; le scrupule s'inquiète où il n'y a pas lieu ; la délicatesse est le scrupule de l'amour, elle ne se trouble pas, ne s'alarme pas sans motif, mais elle fait éviter le péché. »

Parlant du nom de Jésus dont on célébrait la fête : « C'est, disait-il, le nom d'un Dieu, d'un Père ; c'est notre joie, notre trésor ! Jésus est votre modèle, mes enfants. Vous devez l'imiter : donc, puisqu'il est la Victime par excellence, où est votre amour si vous ne savez vous sacrifier, faire pénitence ?... Il n'y a pas plus de milieu entre l'esprit de Dieu et celui du monde qu'entre le ciel et l'enfer où ils conduisent. « Le royaume des cieux souffre « violence... » — Vivre en dehors d'une dépendance aimable mais réelle de la volonté de Dieu, c'est vivre en dehors de l'esprit de Dieu... Rattachez tout ceci au nom béni de Jésus, car il lui en a coûté pour remplir ce nom, pour être vraiment Sauveur ! Et nous, ses sauvés, voudrions-nous nous contenter de si peu ? Non, il faut qu'il nous en coûte pour accomplir ce qui manque à la passion de Notre-Seigneur — Ne craignez pas de faire trop de frais pour votre salut, arrachez la peau du vieil homme. Plutôt que de lui céder, dites à la nature, comme saint François de Sales : « Tourne, « retourne, crève si tu peux, je ne ferai rien « en ta faveur. » Commandez-lui, et si elle n'obéit pas, punissez-la : la bête ne se conduit que par le fouet. »

Enfin l'abbé Bourbonne jetait ses enfants dans les bras de Marie. « Aimez Marie comme une mère ; le soir racontez-lui votre journée, dites-lui filialement ce que vous y aurez fait de bien ou de mal ; causez avec elle de vos peines, de vos joies, de vos défauts, des reproches qui vous auront été faits et dont vous aurez senti la justesse ; de ceux même que vous n'auriez pas encore su comprendre. Cette confiance vous donnera une grande délicatesse de conscience, une extrême simplicité. Par votre familiarité enfantine avec Marie, et surtout par votre tendresse filiale, vous serez transformées presque à votre insu ; car l'amour rend conforme à ce qu'on aime. »

☩

Que de conseils de détail nous pourrions citer encore, tant ce vertueux maître veillait aux plus petites choses pour les âmes qui lui étaient confiées ! S'adressant aux enfants de Marie, il disait : « Un des principaux devoirs d'une jeune personne, et surtout d'une enfant de Marie, est la dignité, la réserve dans le maintien. Pour y arriver, il suffit de se bien pénétrer de la pensée que nous sommes les temples du Saint-Esprit, des vases précieux renfermant la grâce divine ; c'est par les sens que la mort peut entrer dans nos âmes, veillons donc ! — Si vous voulez être maîtresses de votre imagination, disait-il une autre fois, mortifiez vos yeux. L'amour de Dieu vous demande le sacrifice : il faut de l'énergie, du renoncement pour porter le joug du Seigneur ; si vous ne l'avez pas compris, c'est que vous n'avez pas assez d'amour... votre amour défierait la peine. »

En effet, il ne voulait pas qu'on se contentât

d'un semblant d'amour. « Aimer et être vertueux, c'est la même chose. « Donnez-moi des « actes, » disait un saint. J'avoue qu'il en coûte ; tout sacrifice est une place qu'il faut emporter d'assaut !... Quand on aime, on apporte tout à celui qu'on aime ! »

Ecoutons encore cet avis : « Une âme de cœur fait tout par amour pour Dieu, même les plus petites choses ; elle cherche en tout l'intérêt du prochain et s'occupe à lui témoigner son affection par mille moyens qui lui sont suggérés par une exquise délicatesse. En un mot, elle sait s'oublier elle-même afin de se dépenser tout entière... — Mes enfants, il faut faire son devoir ; l'aimer, parce qu'il est la manifestation certaine de la volonté de Dieu... s'il est pénible, embrassez-le avec courage : une chose ne vaut d'ailleurs que ce qu'elle coûte. »

C'est ainsi qu'il conduisait ces jeunes âmes à la connaissance et à l'estime de la vraie vie chrétienne, les ramenant toujours au côté réel et pratique que la légèreté de l'enfance fait si facilement oublier : « Essayez de corriger la légèreté naturelle à votre âge. L'examen particulier fait avec soin est pour cela d'un merveilleux secours. Mettez tout votre cœur à ce que vous faites, accomplissez-le, non par manière d'acquit, parce qu'on vous regarde, mais par amour... La grâce de Dieu ne doit pas être inactive en vous, comme un beau diamant dans un écrin; non, autant d'actions, autant d'actes d'amour de Dieu ! »

« Ne cherchez pas à copier telle ou telle personne, suivez votre conscience ; vous avez la foi, l'amour, sachez vous en servir ; ne vous faites pas porter, marchez un peu par vous-mêmes ; sans doute vous tomberez, le chemin de la vie, celui de la vie spirituelle surtout, c'est un verglas continuel... mais vous vous relèverez et vous irez à Dieu. — Il faut que la nature vole en éclats; ne faites pas de quartier à l'ennemi, ayez dans ce combat spirituel autant de joie que de courage; l'examen particulier sera votre arme offensive et défensive. Si vous vous suivez sur un seul petit point, vous ferez bientôt des progrès sur tous les autres. — Il n'y a de méritoire, de réel, que l'accomplissement du devoir; voilà le grand sacrement par lequel nous pouvons, nous devons communier sans cesse à la volonté de Dieu : « *Fiat voluntas tua!...* »

Dans le même esprit il disait : « Ecoutez le bon Dieu, apprenez à vivre avec lui; cela suppose de la fidélité pour suivre sa volonté adorable, une grande délicatesse de conscience. Etudiez cette divine volonté, c'est la science des saints, elle suffit seule : car il ne sera pas demandé si nous avons été bien ou mal doués, mais si nous avons fait triompher cette volonté de notre nature ingrate, perverse, malhonnête... »

Un dernier mot : « Nous apprendrons toutes choses, non pas en nous regardant, mais en regardant Dieu d'abord, en lui disant : O mon Dieu, votre cœur est si grand, si beau, si bon !... Le contraste nous fera connaître notre cœur misérable, nous déterminera à aimer l'un, à résister aux tendances misérables de l'autre : il nous montrera le tout de Dieu et le rien de la créature... Tout est là. »

TROISIÈME PARTIE

CONSOMMATION. — DERNIÈRE PÉRIODE

1881-1890

CHAPITRE PREMIER

Mortification. — Abandon.

Comment l'abbé Bourbonne fut mené à une mortification rigoureuse.
Retraite de 1881 : ses pénitences.
Il se livre entièrement à la conduite de Dieu.

La vie de l'abbé Bourbonne trouva sa consommation et son couronnement dans le sacrifice. Après avoir reçu la grâce de l'apostolat, il eut l'honneur de s'offrir en qualité de victime volontaire pour la gloire de Dieu et le salut des âmes.

A l'appel divin qui sollicita son cœur généreux, il répondit comme le Sauveur : « Vous m'avez donné un corps... me voici ! » Emu des outrages faits à Notre-Seigneur, des maux de l'Eglise et du péril des âmes, il pensa encore que la société actuelle ne serait sauvée que par la prière et la pénitence.

Bien des fois déjà il avait voulu, à l'exemple des saints, « châtier son corps et le réduire en servitude » et « accomplir dans sa chair ce qui manque à la passion du Christ ».

Mais l'heure n'était pas venue. Un jour enfin, la voie fut ouverte à l'impatience de son amour, il devint un courageux pénitent.

☦

Cette grâce eut comme un premier prélude dans sa tendre dévotion envers la très sainte Vierge.

L'abbé Bourbonne voulait être saint, il le voulait à tout prix depuis son enfance : « Oh! disait-il, quand serai-je un homme tout divin, un saint! — O Dieu, que mon âme, à votre école, soit savante et sainte à force d'abnégation, de patience, d'ignorance et d'anéantissement! »

Mais au jour même où il avait conçu ce dessein, il s'était offert à la sainte Vierge. En avançant il resserra ses liens avec elle de la manière la plus intime. Il reconnaissait que tous les biens lui étaient venus de sa divine Mère, il lui confiait toutes choses et ne cessait de la regarder...

« O Marie, ma grande Reine et ma toute bonne Mère, s'écriait-il, je me permets d'offrir votre cœur immaculé à Notre-Seigneur pour qu'il soit dignement honoré, comme je lui demande de me prêter le sien pour vous honorer vous-même ; je sens que cette union doit être, grâce à une si grande miséricorde, l'heureux supplément de toutes mes impuissances, réparation de mes péchés et préparation à toutes grâces : *Omnia mea tua sunt.* »

« O Marie, vous savez que depuis ma naissance je suis tout vôtre, quoique si indigne ; voué à vos saintes livrées et à votre amour ; ne voulant rien que par vous et de vous ; vous appartenant plus que l'enfant à la plus tendre mère; plus que le religieux à son Supérieur. Vous êtes ma maîtresse et directrice, vis-à-vis de laquelle je me regarde comme heureusement lié par les trois vœux de religion que j'accomplirai en esprit, cherchant à m'instruire tous les jours de vos vertus par la douce et ineffable communication que vous avez daigné en faire à votre grande servante Marie d'Agréda, que je regarde comme une sœur très excellente en cette école et famille de votre Cœur. Par vous, me sont venues toutes les grâces que je me plais à rappeler pour rendre impérissable ma gratitude et ma fidélité (car ce secours joint à tous les autres aidera à ma faiblesse et à mon inconstance). O Notre-

Dame des Victoires, ô Notre-Dame de Paris, ô Notre-Dame d'Issy, ô Notre-Dame de la Salette, ô Notre-Dame du Carmel, ô Notre-Dame de la Visitation ! Que de souvenirs et quels engagements à la sainteté ! — ... En descendant de la sainte montagne et dans la chapelle de Saint-Sulpice, au jour de votre Immaculée Conception, au jour de sa bénie proclamation, que vous ai-je promis et qu'avez-vous ait de ce pauvre ?... O Mère, oui, je serai saint, et un grand saint pour mieux vous servir et mieux vous voir au ciel !... Pourquoi ces larmes quand j'entends parler de vous, ô Marie, de sainteté, de dévouement ?... Pourquoi ces tressaillements intimes quand on parle des saints des derniers temps, qui n'ont point encore paru, qui doivent dépasser les autres comme les cèdres surpassent les autres arbres, qui doivent être formés par vous et vivre comme dans votre cœur ?... Oh ! serai-je du nombre de ces apôtres de l'abandon et dévotion au Cœur de Jésus, formés par vous, Mère pleine de grâce et si belle !

« Mais je vois en ma vie tant de péchés, tant de raisonnements lâches et pleins de suffisance, d'hésitation et d'incapacité ! Ne suis-je pas, même physiquement, un être incomplet, empressé et vaniteux : oui bien, je n'oublierai jamais, quoi que vous puissiez opérer en ce néant pécheur ; toujours je me tiendrai en garde contre l'impressionnabilité, l'inconsidération, l'amour-propre et l'orgueil ; du moins je vous le demande bien instamment, ô ma chère Mère, pour la gloire de votre Fils et la vôtre, plus chère que la vie, guérissez-moi, gardez-moi de tous mes ennemis, assurez-moi à vous éternellement ! »

On voit où la dévotion à Marie conduisit l'abbé Bourbonne. A la Salette il épousa les larmes de sa Mère, comme plus tard il devait rapporter de Lourdes ces mots prononcés par elle : Pénitence ! pénitence ! pénitence !

Mais il y a des liens mystérieux entre les grâces. Une dévotion mène souvent à une autre : la dévotion à la Reine des cieux mena l'abbé Bourbonne à la dévotion au Cœur de Jésus. Ce fut un second prélude.

Ecoutons les élans de son amour :

« Qui a Jésus a tout. »

« O Jésus ! mon Cœur ! vos chères âmes ! la pauvre mienne !... Oh ! lumière de mes yeux, vie de ma vie, âme de mon âme et tout mon bien !... Jouissez de moi, possédez-moi absolument, guidez-moi constamment, anéantissezmoi et jouissez de vous en moi!... Oh!... quand donc?... Vivez, régnez, dominez en toute âme!... Oui, je veux être votre petit serviteur et l'ami de votre Cœur. *Je n'écrirai pas une lettre* que je ne prononce le nom de ce cœur qui est tout mon trésor. Je le ferai *aimer* de toute façon et le chérirai moi-même en accomplissant bien mes saints vœux, en l'étudiant de plus en plus et le produisant en toutes mes démarches. Mais je voudrais par ce cœur même avoir accès sur tous les autres et les faire se rendre à l'amour de leur Créateur et Seigneur. Oh! qu'il faut, pour cela, que je sois enfin tout abandonné et comme aveuglément livré (*traditus gratiæ Dei*) à la divine action et continuelle influence de cette vie de Jésus ; continuant en moi ce que son Esprit, son Cœur a fait en sa propre personne... Il me faut une grande conviction et un grand courage. Oui, j'aimerai Jésus-Christ et je le ferai aimer, c'est toute ma raison d'être sur la terre ; je serai aux petits soins pour sa gloire ; je me sens appelé à la dédommager de l'oubli et du mépris... ; à payer, comme si j'étais seul pour cette tâche infinie, la dette de reconnaissance et de fidélité de toute l'humanité... O Dieu! que dis-je?... mais oui, je veux que tous les hommes soient reconnaissants des grands bienfaits dus au sang de Notre-Seigneur : le fruit de l'Incarnation, de la Rédemption doit glorifier son auteur et profiter aux heureuses âmes. »

Il serait bien impossible de ne pas voir, dans ces paroles, les accents d'une âme livrée sans mesure. Qui donc pouvait la retenir encore? Rien, sinon la crainte d'obéir à l'activité naturelle et de devancer la volonté divine.

« Je ne me sens pas porté aux pénitences, écrit-il, peut-être est-ce paresse, peut-être ai-je auparavant mis de l'amour-propre dans cet usage. Par l'avis de mon directeur je saurai la mesure. Pour le moment je ne fais rien. L'esprit me porte beaucoup à la paix, à la possession de Dieu, à la componction qui m'a fait verser d'amères larmes au souvenir de tant de péchés passés... abus si insultant pour Dieu de la part d'un néant pécheur, de cette âme ingrate qui, tant de fois préservée de l'enfer, enrichie de grâces si nombreuses, si intimes, est demeurée cependant toujours pleine de *l'amour d'elle-même*... O bonté de Dieu!... O amour! oui il faut le regret, il faut la *douleur!* il faut la réparation, il faut le *ferme propos...* »

Il dit encore : « Je dois éviter toute fatigue qui n'est pas dans l'ordre du devoir, même sous prétexte de mortification ; le calme et l'équilibre de mon âme, la possession de moi-même et de Dieu valent mieux que les pénitences extérieures ; je constate que, sous ce rapport, j'ai plus suivi la nature, le scrupule, le manque de confiance en Dieu que la vraie mort à moi-même et la volonté de Dieu.

« La perte de moi-même en Dieu, voilà la vraie et pratique pénitence, qui à elle seule vaut mieux que toutes les autres et les exclut même en tant qu'elles pourraient être de mon choix et nullement voulues de Dieu.

« ... Je vois peu de raisons pour rechercher les pénitences, j'en vois même beaucoup contre... la fatigue, l'absorbement, l'agacement, le défaut de liberté d'esprit ; mais j'en vois beaucoup pour ne pas mettre de bornes à la mortification de l'amour-propre toujours si vivant. »

Avant d'avoir entrepris définitivement la pratique des mortifications corporelles, l'abbé Bourbonne avait déclaré une guerre implacable à l'amour-propre, à la sensualité, au vieil homme. Il avait assujetti les mouvements du corps aux règles d'une modestie rigoureuse ; il avait interdit à ses yeux, comme on l'a vu dans sa retraite de 1874, tout regard inutile; bref, il avait crucifié tout son être et fait pénétrer la mort dans tous ses actes. — Parfois dans ses conversations il cherchait à passer pour un ignorant. Parlait-on de Londres : il demandait s'il fallait aller à Berlin pour s'y rendre. Un jour, dans une bonne société, il buvait son potage à l'assiette, afin qu'on le prît pour un bon maçon de la Creuse. Tantôt il avalait lestement un ver qui se trouvait dans un fruit. On l'a vu aussi, au milieu d'un entretien sérieux, rire comme un fou, dans le seul but de paraître dépourvu de sens commun. — Quand même on ne sentirait pas l'attrait d'imiter de semblables pratiques, on doit y reconnaître le courage viril d'une âme en rupture avec le vieil homme et qui a pris à la lettre la parole du Sauveur : « Si quelqu'un veut venir après moi, qu'il se renonce lui-même (1). »

✠

Le 19 août 1881 l'abbé Bourbonne était à la Salette, tout heureux de se recueillir auprès de sa Mère. « J'ai une grande joie et une vive

1. Matth., ch. XVI, 24.

émotion, disait-il, en songeant à la douleur, à la modestie, à la bonté de ma Mère. Enfin je vais avoir quelques jours pour lui parler... »

Il sentit que Dieu voulait de lui la vie cachée : « Notre-Seigneur si caché demande que je vive aussi caché, et non porté toujours à me mettre en avant, » — et que le fruit de cette retraite serait la pénitence : « La simplicité de paroles, la contrition, la pénitence ! Voilà de nécessaires fruits à espérer de ce séjour béni aux pieds de ma divine Mère et au lieu de ses larmes. — Le moyen de se former à la mortification, dit saint Ignace, est de se mortifier en tout et de regarder Jésus-Christ crucifié... ne pas écouter la chair pour le tapage qu'elle fait. »

Afin d'exciter son zèle en ce sens, l'abbé Bourbonne se rappelle les paroles de la sainte Vierge : « Je transcris, écrit-il, un passage du secret de la bergère de la Salette qui m'a beaucoup touché : « J'adresse un pressant
« appel à la terre; j'appelle les vrais disciples
« du Dieu vivant et régnant dans les cieux;
« j'appelle les vrais imitateurs du Dieu fait
« homme, le seul et vrai Sauveur des hommes;
« j'appelle mes enfants, mes vrais dévots, *ceux*
« *qui se sont donnés à moi* pour que je les

« *conduise à mon Fils!* ceux que je porte
« pour ainsi dire dans mes bras, ceux qui ont
« vécu de mon esprit; enfin, j'appelle les
« apôtres des derniers temps, les disciples
« fidèles de Jésus-Christ, qui ont vécu dans
« le mépris du monde et d'eux-mêmes, dans la
« pauvreté et dans l'humilité, dans le mépris
« et dans le silence, dans l'oraison et la morti-
« fication, dans la chasteté et l'union avec
« Dieu, dans la souffrance et inconnus au
« monde. Il est temps qu'ils sortent et vien-
« nent éclairer la terre. Allez et montrez-vous
« comme mes enfants chéris. *Je suis avec vous*
« et *en vous,* pourvu que votre foi soit la lu-
« mière qui vous éclaire dans ces jours de
« malheur. Que votre zèle vous rende comme
« des affamés pour la gloire et l'honneur de
« Jésus-Christ! Combattez, enfants de lumière,
« vous, petit nombre qui y voyez, car voici le
« temps des temps, la fin des fins! »

Il ajoute ensuite : « O Mère!... mais qu'il faut être mortifié! ô Mère! » — Revenant encore sur cette pensée : « Il faut maintenir la mortification comme l'humilité et l'amour...

« Tout en pratiquant ainsi des actes de toutes les vertus, je n'en dois pas être moins dans une *disposition* habituelle de simple union sans forme ni détermination personnelle, mais celle très intime et amoureuse de continuer à reproduire par état Jésus priant et souffrant. Si je ne puis prier par mon esprit ni par mon cœur, par mon corps et mes sens mortifiés, recueillis et pénitents, je prierai et satisferai à Dieu Notre-Seigneur.

« J'aime, en union avec ma divine Mère, demeurer prosterné, les bras en croix, une heure et quelquefois la nuit : c'est mon meilleur acte de prière. O Verbe, touchez mon âme, influez sans cesse sur cette pauvre épouse qui vous cherche plus qu'elle ne vous possède encore !... Mais je doute moins et vois plus clair pour toutes choses quand j'ai un peu prié et souffert. — Mon premier directeur m'a dit que j'avais l'attrait de la souffrance.

« Si la souffrance est une lumière, une expiation, le moyen de réaliser mon vœu de victime, ne fais-je pas bien de transformer ma prière en état de mortification et de tenir recueillis, par les sens asservis, l'esprit et le cœur unis à Dieu ? — ... (Au-dessus de tout cela, me réjouir de ce que Dieu *est*.)

« ... Mais il faut arriver à vivre de souffrances ; je n'assurerai pas mon salut, je ne ferai pas le bien que je désire aux autres sans souffrir beaucoup et de toutes les manières. Un pécheur ne devrait jamais être sans quelque instrument de pénitence ou sans quelque chose à endurer, sans porter, en un mot, les stigmates de Jésus crucifié... Certaines pratiques de pénitence sont passées en habitude ; je constate que les œuvres de zèle y ont gagné ; Dieu seul le sait au juste.

« Pour agir comme pour souffrir, je crois que je dois y entrer comme par repos, indirectement et en consultant Notre-Seigneur... Je crois que presque personne ne va au bout de sa nature ; que si d'un côté je dois me ménager pour combattre plus longtemps le démon et détruire son empire par Jésus, il convient aussi de songer avant tout à assurer mon propre salut par la générosité et la confiance en Dieu et qu'*il vaut mieux vivre dix ans de moins et vivre en saint*.

« Ne pas négliger les plus petites mortifications, commencer par là, puis aller en progressant. »

C'est bien une résolution irrévocable :

« Je dois beaucoup craindre le vieil homme, qui ne mourra pas, qui peut toujours me perdre, et qui me persuaderait, sous un prétexte ou sous un autre, qu'il ne faut pas tant souffrir... Oh! honte et lâcheté de ma nature! Ecoute, rebelle et incorrigible, bête ignoble, sœur du diable, écho d'enfer et chair de péché, écoute ta condamnation et l'arrêt irrévocable porté par la vérité même et écrit sur la croix avec le sang d'un Dieu; sache lire ce livre de Jésus crucifié et interpréter la vie de tous les saints et de la Reine des saints. *Regnum Dei vim patitur, et violenti rapiunt illud.* Que serait donc une *victime* simplement couronnée de fleurs et jamais immolée? un abandon parlant de l'amour et excluant ses fruits... un disciple prêchant son Maître voué à toutes les douleurs, et mettant des bornes aux siennes?... *Un vœu de perfection* voulant l'amour et non les vertus, ou telles vertus et non telles vertus? »

« Il faut voir la fin, la réalisation de mon titre de chrétien : devenir un autre Jésus-Christ; sauver les âmes avec Lui et comme Lui, avec des prières et des sueurs et du sang... Je dois m'unir à ses mérites avec mes petits actes tout *rien* qu'ils sont et sans lesquels, cependant, je ne serai ni son disciple, ni son prêtre, ni son enfant, ni son ami... *media ad finem.*

« L'appel de Dieu, je le sens, peut se trouver en même temps qu'une grande répugnance; l'un est d'en haut, l'autre est d'en bas et doit être combattu, surmonté par l'amour sec, peut-être, mais agissant, méritoire... »

Au reste cette résolution est sanctionnée par l'obéissance. Il ne s'arrêtera plus : En avant pour Dieu et pour les âmes !

« Je ne dois pas écouter les plaintes de la nature ni les illusions du démon tendant à me persuader que je ne pourrai continuer cette vie courageuse et pénitente, que l'orgueil en sera augmenté et qu'il y aurait moins d'inconvénients à n'avoir pas tant voulu embrasser, que de s'arrêter après... etc... Fort de l'obéissance à mon directeur qui me porte à essayer à suivre le mouvement de la grâce, à vaincre le plus possible la perfide nature. — *Quantum potes, tantum aude,* — je veux sincèrement entrer dans cette voie de vie parfaite, dégagée de tout intérêt et respect humain, de prière et de mortification (que déjà j'ai senti être la force de quelques âmes pour lesquelles, par mon vœu de servitude et celui de victime du divin Cœur de Jésus, je réponds comme pour toutes celles que Jésus ou Marie daignera m'unir), dans cette vie de vrai et continuel amour et douce dépendance de l'absolu gouvernement de l'esprit de Notre-Seigneur. »

☦

Tel fut le programme de l'abbé Bourbonne. L'œuvre suivit de près.

Il n'eut pas grand effort à faire au sujet des biens temporels. Depuis longtemps le nécessaire lui suffisait; le cas échéant, il s'en passait volontiers et sans y prendre garde. « Il usait des choses comme n'en usant pas. » Son sentiment était qu'il avait toujours trop. « Je voudrais, disait-il, n'avoir plus rien du tout. » Il n'avait qu'une soutane; la doublure de ses vêtements se composait de pièces; sa provision de linge était plus que modeste. Avec cela il trouvait le moyen d'être prodigue. Quant aux cadeaux qui lui étaient offerts, il s'en débarrassait au plus vite. Il envoyait à un sanctuaire de la sainte Vierge un calice orné de pierreries; un curé recevait, de sa part, un écrin renfermant tous les objets nécessaires pour porter les sacrements aux malades. Une étole en or fin était expédiée en toute hâte à Bordeaux.

Mais il se tourna surtout contre son corps et le mit au supplice. Le secret qui entourait ses œuvres ne permet pas de saisir les détails et l'ordre régulier de ses mortifications. Ce qui est certain, c'est qu'elles furent rigoureuses. Que de nuits pendant lesquelles il ne se mit pas au lit! que de traces révélatrices échappées à sa vigilance!... Combien de fois, mais surtout pendant les quatre dernières années de sa vie, le vendredi matin, le plancher de sa chambre fut rougi de son sang! La nuit du jeudi au vendredi, il couchait à terre et très certainement sur des instruments de pénitence; on les découvrit malgré tout le soin qu'il avait mis à les cacher; de nombreuses cicatrices révélèrent aussi jusqu'à quel point il avait voulu porter dans ses membres la mortification du Christ. Au monastère de Moulins, il fallut changer le papier de la chambre qu'il occupait lors de ses visites.

On sait encore qu'outre ses grandes pénitences il recourait à la discipline en vue d'obtenir des grâces pour les âmes qui lui étaient confiées. La dernière période de sa vie fut un exercice constant de la mortification sous toutes les formes : il cherchait mille moyens de harceler son corps.

Il avait d'ailleurs à conduire quelques âmes choisies de Dieu et entièrement vouées à la souffrance, et ce spectacle ne fit qu'enflammer son courage (1).

A partir de ce moment, il prêcha la mortification avec un saint zèle aux religieuses, aux fidèles, à toutes les âmes. Il permit plus facilement la pratique des pénitences extérieures. Il recommandait de prier pour les prêtres. Ses dernières lectures furent : Jean de Saint-Sanson, saint Paul de la Croix, la Mère Thérèse de Lavaur, la Sœur Saint-Pierre, et il eut un culte particulier pour la sainte Face.

Il avait sans cesse à la bouche ces maximes :

« Nous ne savons pas assez que c'est une grâce de pouvoir souffrir.

« Oh! mes chères souffrances! Mon Dieu! si je pouvais m'en servir pour vous mieux aimer, pour me purifier, pour vous gagner des âmes!

« Plus vous souffrirez de peines, soit de corps, soit de cœur, soit d'esprit, plus vous serez heureux à la mort.

« Quand on souffre, on croit que cela gêne

---

1. On raconte qu'un jour, écoutant la confession d'une personne victime, retenue chez elle par la souffrance, ses yeux fixèrent tout à coup une image de la sainte Vierge; il demeura quelques minutes absorbé par cette vue; il reprit ensuite la parole, mais au moment de se retirer, sans un mot d'explication, il demanda l'image et l'emporta.

pour se sanctifier; au contraire, c'est un passeport pour le ciel. Avoir souffert simplement, même mal, c'est la moitié du chemin; avoir bien souffert, c'est la perfection.

« Pourquoi croyez-vous que Dieu n'agrée pas votre souffrance? pourvu qu'elle vous fasse souffrir, cela suffit.

« Il faudrait se mettre aux pieds du bon Dieu, l'adorer, le remercier et accepter.

« Le dernier mot c'est la prière; la prière c'est la force, la douceur, la sainteté. »

☩

Pénitence! Souffrance! telle fut donc la dernière devise de l'abbé Bourbonne.

Mais comme la justice et la paix se rencontrent dans un mutuel baiser, la mortification coïncida dans son âme avec l'abandon. Cette même retraite de 1881, qui le menait à la pénitence se terminait ainsi : « Mon bon Maître veut que je compte sur lui pour tout… Je n'irais pas à Lui, dit saint François de Sales, s'il ne venait à moi. — Cette admirable dépendance doit être le but, le moyen, le principe de ma retraite 1881 et de toute ma vie : *traditus gratiæ.* »

La grâce lui avait constamment suggéré

l'abandon et il en avait lui-même senti l'attrait et la nécessité : « Oui, mon âme est faite pour l'abandon... mais, de grâce, n'oublie pas, ô âme, que la crainte n'a rien à y faire : elle pourrait te ravir ton trésor, te retarder et te faire prendre le change. N'est-ce pas par crainte de ne pas faire assez, de n'être pas comme les saints... que tu te livres à telle ou telle pratique ? Est-ce le seul amour et oubli de toi qui te porte à ces austérités et rigueurs volontaires ? Ta voie exclut tout ce qui nuit à ta liberté, tu dois te conserver très flexible et sans formes ni désirs ;... mais si tu as d'avance telle vue de pénitence que tu choisis de toi-même, ne gênes-tu pas l'action divine ? »

A bien des reprises aussi, on lui avait dit que telle était la volonté de Dieu sur lui et il avait écrit cet avis pour ne pas l'oublier : « Votre défaut dominant, celui qui nuit le plus à votre union intime et constante avec Dieu, c'est de chercher toujours ce que vous tenez depuis longtemps. L'infiniment miséricordieux et infiniment bon Dieu vous a donné, comme vocation, ce que vous avez longtemps désiré, le saint abandon ! Ne cherchez plus... J'ai trouvé Celui que mon âme chérit... Vous arriveriez à une éminente sainteté, avec les grâces qui vous inondent, si vous cessiez de chercher... Contemplez seulement la volonté de Dieu... »

« C'est l'abandon que l'on me dit être pour moi la plus grande volonté de Dieu et ma douce vocation, et du défaut duquel j'ai à gémir comme de mon défaut dominant. (Il remédiera, me disait un directeur auquel je dois beaucoup, à deux de vos maladies, le trouble et la précipitation.) »

Malgré les avis donnés, malgré sa propre conviction, l'abbé Bourbonne fut longuement et douloureusement combattu. Il se trouvait sans cesse aux prises avec sa fougueuse activité.

« Il faut que je m'exerce à tous les actes, au moins de la vie purgative en laquelle j'aurai toujours besoin de me perfectionner... »

Se surprenant ainsi sur le fait, il se corrigeait lui-même en disant : « Encore du raisonnement ! *Ama et fac quod vis.*

« O mon âme, pas tant de théories et un peu plus de repos.

« Les principes, je les connais, je crains plutôt de trop y penser et de m'embrouiller avec...

« Ne t'inquiète pas des formes, prends-les, laisse-les, selon le besoin ou l'attrait, mais reste vide et livré à Dieu. »

Livré à Dieu! voilà ce qu'il désirait si passionnément. Enfin, après beaucoup d'efforts, après beaucoup de grâces, la chose fut accomplie.

« O mon Dieu, merci! j'ai vu, ce me semble, ce que vous voulez et ce que je vous refuse depuis vingt ans! l'entier abandon!... »

Quelle victoire! quelle grâce!

☦

L'abbé Bourbonne avait fait jusque-là d'inimaginables efforts. Pour mieux dire, que n'avait-il pas tenté?... Il allait à Dieu toujours, tout droit, de toutes ses forces. Sa vie était un combat opiniâtre et sans relâche. Après s'être voué à la très sainte Vierge, et dans le but de rendre toute hésitation impossible, il avait fait plusieurs vœux : Vœu de perfection, vœu de servitude aux âmes, vœu de victime du Sacré-Cœur, auxquels il joignit plus tard le vœu de ne faire aucun mouvement inutile. Affilié au Carmel, à la Trappe, à la Visitation, il s'associa encore à plus d'une œuvre pieuse, admettant avec saint François de Sales qu' « il y a (en le faisant) beaucoup à gagner et rien à perdre ». Prêt à tout bien, il faisait toujours celui qui était à sa portée. Il se confessait tous les jours. Malgré tout, il y avait un bien que son âme ne possédait pas encore; l'abandon. Combien de fois il l'avait entrevu! Avec quelle ardeur il l'avait désiré! En 1876 il l'avait presque atteint! Mais à l'heure même où il prit pour sa part le calice sanglant du Sauveur, il se livra enfin les yeux fermés à la conduite du Saint-Esprit.

« Toute créature, dit saint Paul, gémit et enfante. » L'âme affamée de la justice, connaît plus que toute autre d'ineffables angoisses. Elle gémit sous l'étreinte de la chair; elle gémit par la soif toujours croissante du souverain bien. Des forces contraires se heurtent en elle, et la livrent à de cruelles alternatives. Mais au milieu de ce sublime conflit, le germe divin lève et grandit. Enfin les ombres disparaissent sous l'éclat d'un soleil radieux, les éléments dispersés se réunissent : c'est la tranquillité, c'est l'ordre, c'est la paix et l'unité.

CHAPITRE DEUXIÈME

Zèle dévorant.

Œuvres diverses. — Pèlerinages.
Vacances transformées en missions.

Si l'âme des justes est un parterre de vertus et de grâces, chacune a pourtant quelque trait qui la distingue, chacune a sa physionomie.

L'abbé Bourbonne eut deux vertus principales : le courage et la charité.

Dieu, qui donne à l'homme « de vouloir et de faire », trempa son âme et la rendit supérieure à tous les obstacles. Un corps faible, une nature impétueuse et délicate l'exposaient à bien des lassitudes qui eussent pu ralentir son élan et interrompre ses œuvres. Il n'en fut rien. Bien que la fatigue ne lui permît pas de tracer un plan arrêté, on a vu jusqu'à quel point il voulut s'enchaîner. Son programme était la sainteté. Il se sanctifia à force de le vouloir, et en faisant « flèche de tout bois ». Chez lui, la volonté était toujours en exercice et toujours retentissante. Aussi dépensait-il beaucoup.

Mais sa charité n'était pas moins grande, et elle se traduisait par une continuelle expansion et par le besoin de donner. Il donnait toujours...

Dans les dernières années, il ne connut ni trêve, ni repos; il voulut, comme saint Paul, se dépenser et se dépenser encore pour ses frères. « L'impression de sainteté qu'il produisait partout où il paraissait, soit au saint autel, soit dans la chaire, soit dans les relations ordinaires de la vie, » attira les âmes, et son dévouement « le poussait à ne se point refuser là où il croyait que la grâce de Notre-Seigneur l'accompagnait (1) ». Ce ne fut pas seulement le couvent dont il était chargé qui ressentit les effets de son zèle, son action sacerdotale s'étendit beaucoup au delà.

☩

Les communautés, les œuvres, les âmes, sollicitèrent son concours.

Pendant quatre ans et demi il fut confesseur ordinaire des Carmélites de la rue Denfert-

---

1. M. l'abbé Caillebotte. *Sem. rel.*

Rochereau. Il remplissait ce ministère deux fois par semaine. « Si l'on avait un besoin spécial, il répondait avec la plus grande bonté et se montrait toujours prêt à donner l'encouragement ou la décision qu'on lui demandait ; ses réponses étaient toujours sûres. Il ne craignait pas, lorsque cela était nécessaire, de donner un conseil hardi, dont on reconnaissait ensuite la justesse et l'opportunité. Son action, du reste, portait tonjours à la paix en maintenant les âmes dans l'esprit d'obéissance, de renoncement, et dans les vues les plus pures de la foi. »

On reconnut toujours « son entier dévouement aux âmes, son oubli absolu des choses de la terre, son amour pour la vie intérieure et cachée ». Mais cela parut plus encore vers la fin. Lorsque sa santé ne lui permit plus de continuer ses fonctions, il ne cessa de témoigner à la communauté « le dévouement le plus entier, et dans les visites qu'il fit encore, on remarqua que son union avec Notre-Seigneur paraissait s'accroître toujours davantage (1) ».

En 1884, quelques jours avant l'ouverture

---

1. R. M. Marie de Saint-Paul, prieure des Carmélites.

de la retraite annuelle des Sœurs Servantes de Marie, le prédicateur fit défaut. La Mère Supérieure dit à l'abbé Bourbonne : « Mon Père, voulez-vous être le pis-aller du bon Dieu ? » Il répondit : « Oui, parlez : que voulez-vous de moi ? » Elle lui demanda s'il pouvait donner la retraite. Il accepta en disant que, n'ayant pas le temps de se préparer, il ferait ce qu'il pourrait. Cette retraite fut une des plus fructueuses. Toutes les Sœurs le redemandèrent d'une voix unanime l'année suivante... Il prêcha encore quatre autres retraites annuelles, la dernière fut celle de 1888. On retint plus d'une maxime précieuse... Après les instructions, il y eut une vraie émulation dans la pratique des actes d'humilité...

Il venait encore tous les premiers vendredis du mois. « On remarquait en lui un don tout particulier pour dilater les cœurs. Il mettait les âmes à l'aise, les gagnait et ensuite les entraînait fermement. » Une retraite donnée aux associées captiva l'attention générale ; elles avouaient qu'il leur faisait aimer le bon Dieu et leur rendait la piété facile. » Chaque fois qu'il venait, il distribuait des livres et de petites feuilles. Un an avant sa mort, comme une Sœur se réjouissait de le voir rétabli de sa dernière maladie : « Remerciez Dieu, lui dit-il, vous avez encore votre Père pour un an. » Un jour qu'il était venu par une grosse averse, ses vêtements étaient trempés ; on lui observa qu'il eût dû ne pas venir ou se mettre un moment à l'abri. Il se hâta de répondre : « Les âmes valent bien la peine qu'on se dérange et qu'on supporte quelque chose... Un peu de pluie, ce n'est rien, n'y eût-il qu'une âme qui profite de l'instruction, je serais largement récompensé. » A sa dernière visite, il rencontra deux Sœurs qui n'avaient pu assister à l'entretien ; il leur dit un petit mot et ajouta : « Maintenant je suis content, j'ai vu tout le monde. »

Les Sœurs de la Présentation, de Tours, établies rue de Clichy, reçurent aussi les visites de l'abbé Bourbonne. Il avait recommandé une jeune fille à la Mère Supérieure ainsi qu'à la Directrice de l'École professionnelle, et il venait la voir. A cette occasion il entra en connaissance avec les enfants et leur parla du bon Dieu. Chaque mois, après une courte exhortation, il indiquait une résolution pratique dont on devait rendre compte à la visite suivante. « Il en résulta une pieuse émulation parmi les jeunes filles, qui mirent à profit les conseils si charitablement donnés. » A l'époque des vacances les enfants étaient à la Celle Saint-Cloud : il allait les rejoindre. La communauté n'était pas oubliée ; un mot d'édification y laissait la paix et la joie.

L'abbé Bourbonne vit encore bien d'autres communautés, soit pour la confession des Quatre-Temps, soit pour les retraites, soit pour la consolation d'une âme.

Parmi les œuvres dont il s'occupa, il y en eut une qui lui fut particulièrement chère, celle des zélatrices des Saints Cœurs de Jésus et de Marie, dont le but est de former les âmes à la vie intérieure. La fin de l'œuvre et le zèle de ses membres réjouissaient sa piété. Sous l'impulsion de son zèle, l'association prit un rapide accroissement ; il s'y dévoua jusqu'à ses derniers jours, malgré toutes les instances faites pour l'obliger à réduire son travail.

Mais ce n'était pas tout. Après les communautés, après les œuvres, venaient encore les âmes qui recouraient à lui en dehors des jours réguliers de la confession. Il serait impossible de compter le bien qu'il fit et de reproduire ce que sa vie devint alors. Comme il se prêtait absolument à tout, sans excepter les choses difficiles qui réclamaient de nombreuses démarches, on venait le trouver à toute heure. Il n'eut plus un moment, pas même celui du repas. En outre, sa correspondance était hors de toute proportion; il lisait ses lettres le soir ou à table, ou dans ses courses, et il y répondait en mangeant ou pendant ses trajets en voiture, ou dans un court intervalle entre deux occupations. Il ne s'appartint plus.

On conçoit sans peine qu'au milieu de tant de travaux, le besoin de repos dût se faire sentir. En effet, l'abbé Bourbonne laissait de temps en temps ses occupations ordinaires et s'éloignait. Mais Dieu et les âmes étaient l'objectif unique dont rien ne pouvait le distraire.

Nous allons voir ce qu'étaient ses voyages et ses vacances.

☦

L'abbé Bourbonne voyagea beaucoup, surtout pendant les dernières années. Des fragments de correspondance nous permettent de le suivre.

« Je cherche un peu de repos, écrit-il aux Sœurs du premier monastère, pour rester plus longtemps avec vous, et je ne vous quitte que pour vous retrouver avec quelques forces de plus à offrir au béni travail de vos âmes. »

Le repos, il le prenait en Dieu. Au lendemain d'un départ, il écrit : « La nuit s'est bien passée, seul en ma chambre roulante. J'ai donc pu reposer à mon aise et même chanter une partie de l'office : *Benedicam Dominum in omni tempore, semper laus ejus in ore meo !* » Dans une autre lettre, nous lisons : « Je prends air et repos à travers les sapins et les montagnes de la Savoie. Que Dieu est bon et que sa divine Providence est manifeste et sensible en ces beautés grandioses ! »

De Troyes il écrit à son cher monastère : « Je me croyais encore parmi vous il n'y a qu'un instant. Quelle unanimité à cette Visitation ! C'est un recueillement, une simplicité, un amour du directoire, un repos d'âme charmant ; on sent qu'une chose est voulue de tous les cœurs et ardemment : le règne de Dieu le plus grand et le plus libre possible. »

Ordinairement ses courses n'étaient que des pèlerinages.

Il revenait, chaque année, à la Salette, son sanctuaire de prédilection, et il reconnaissait y puiser beaucoup de grâces. « *Hæc requies mea.* C'est le lieu de mon repos, » écrivait-il en 1880. Au mois d'août 1884 : « Je suis encore dans les montagnes de Marie ; j'en garderai les douces livrées sous une forme ou sous une autre; peu importe, après tout : je veux être à jamais son petit serviteur... La sainte Vierge semble me donner une vie nouvelle, cachée, confiante, pauvre, mortifiée, ardente et vigoureuse. Hélas! (ajoute-t-il humblement) ce sont peut-être des lueurs que ma faiblesse laissera éteindre, si vos charitables prières ne m'assistent : obtenez-moi cette rénovation foncière que j'entrevois si uniquement désirable. »

Paray-le-Monial le possédait aussi bien souvent. Ce sanctuaire du Sacré-Cœur, qui lui était particulièrement cher, fut un de ses premiers pèlerinages; il y revint, une dernière fois, quelques jours avant sa mort. « Je suis bien heureux, écrit-il, ayant pu faire l'heure sainte au lieu même où Notre-Seigneur, tout aimable, l'avait enseignée à sa fidèle servante. »

Comparant ces deux pèlerinages, il écrit : « A Paray, l'impression de la douce humilité de Jésus semble porter l'âme à la simplicité et à ce vide de tout intérêt humain qui laisse Dieu seul régner et agir. A la Salette, les larmes gagnent facilement à la vue de la tendre compassion de Marie, priant pour les pécheurs. Oh! qu'il est doux d'y renouveler son *Chemin de Croix*, à l'endroit même où ont porté les pieds de la Reine du Ciel ! »

Les liens d'affection, on pourrait dire de famille, contractés avec l'institut le conduisaient à Annecy. Nous l'avons vu l'heureux témoin des fêtes du doctorat de saint François de Sales. Attendant au bord du lac de Genève le bateau qui doit le porter à Thonon, il écrit : « J'ai besoin d'aller chercher aux pieds de Notre-Seigneur et de la divine Reine des Anges bonne provision de grâces, de prière, d'innocence, d'esprit d'immolation pour moi et les chères âmes que Notre-Seigneur me confie.

« Ce m'est un grand secours, écrit-il d'Einsiedeln en 1888... et aussi une grande douceur de ne m'être pas vu seul en présence de cette Reine des Anges. Que son cœur m'a dit de choses ! J'ai vu combien l'abnégation m'est nécessaire et que le pur amour sans cela n'est que pure illusion ! Que toutes les belles vertus d'humilité, de mortification, de sainte charité suivent cette vertu, base de toutes, comme des servantes leur Reine. Oui certes, l'abandon ! mais l'abandon renforcé de pénitence, d'oubli de soi, de tendre charité pour les autres. Et la divine Reine veut bien nous aider à vivre de cette vie, à mourir de cette mort et régner de ce triomphe de l'esprit sur la chair. »

Beaucoup de sanctuaires de France eurent sa visite. Il alla prier à Lourdes celle qu'il aimait si tendrement. Il alla la prier à Verdelais, à Boulogne-sur-Mer, à Rocamadour. « Notre-Dame, écrit-il, daignera bénir les pèlerins confiants en son aimable protection et voulant redoubler de désir de faire mentir le proverbe : *Qui multum peregrinantur, raro sanctificantur.* » Au Puy, il monta dans la statue colossale, « heureux de se reposer dans le cœur de la sainte Vierge. » Il s'arrêta souvent à Notre-Dame de Fourvières. — En 1876 il fait sa retraite à Notre-Dame de la Délivrande ; de là, il formule cette plainte qui montre si bien et son amour pour Notre-Seigneur et le soin qu'il avait de tirer de chaque chose un enseignement pratique : « La condition des Pères est qu'on ne dise pas la messe les trois premiers jours...; j'ai insisté et obtenu de n'être privé qu'un jour. C'est déjà trop, hélas! ce sera demain, pour m'apprendre sans doute, par ce cruel arrêt, à mieux recevoir et dispenser mon trésor inappréciable de chaque jour, et aussi peut-être pour que je sache par expérience ce qu'il en coûte à nos chères

Sœurs quand la manne céleste leur est ôtée. »

Racontant une excursion à la Trappe de la Grâce-Dieu : « Nous fûmes accueillis, dit-il, par un Frère au regard tout à la fois si limpide et si aimable, à la démarche si recueillie, que je me représentais une Visitandine de Paris. Mon Dieu, me disais-je, qu'il fait bon d'être uni à vous ! et je ne pouvais m'empêcher de sentir de forts et tendres reproches de négliger depuis si longtemps tant de moyens efficaces qui, avec la vraie bonne volonté et la confiance, eussent donné à mon âme ce qu'elle souhaite. »

Que de fois l'abbé Bourbonne change son itinéraire pour se reposer un instant dans un sanctuaire privilégié : Notre-Dame de Liesse, Notre-Dame du Chêne, le tombeau de sainte Radegonde, celui de saint Martin. C'est Cologne où il vénère deux épines de la sainte couronne ; Trèves qui possède la sainte robe de Notre-Seigneur et d'où il écrit : « Je demande pour nos filles et pour moi d'être unis et souples à Notre-Seigneur comme cet heureux vêtement l'était à sa personne sacrée. »

En 1884 il s'arrête près de Metz, à Notre-Dame de Sion, et loge chez les Pères Oblats de

Marie, qui ont là une importante résidence. A propos de ce pèlerinage il écrit : « Je me suis acheminé avec deux Frères qui revenaient à leur asile à onze heures du soir, au beau clair de la lune, du bas de la montagne où le chemin de fer nous avait laissés, jusqu'à la chapelle et à la maison des Pères. Enfin, à onze heures trois quarts nous étions en nos cellules. Après la meilleure nuit j'avais la grâce de célébrer la sainte messe. O Mère, quelle est votre volonté ? Quelle est la volonté de Notre-Seigneur ? Est-ce le dédommagement du sacrifice de la Salette ? Oh! tout ce que vous voudrez! Et j'ai remis tout doucement aux mains de la sainte Vierge, comme un bouquet de fête, tous les cœurs de mes chères filles. »

On le voit, pendant ses longs voyages l'abbé Bourbonne ne les oubliait pas ; son cœur plein d'affection pour elles lui inspirait de fréquents petits mots. « Je vous bénis pour deux jours, écrivait-il de Soleure en 1883, car je ne pourrai rien vous envoyer demain par écrit. »

De la Salette, qu'il aimait tant, il dit : « J'ai hâte de revenir à Paris ; depuis quinze jours je n'ai pas donné une seule absolution ! » Il était d'ailleurs pressé de revoir ses chères filles... « Je remercie votre charité de sa constante poursuite dans toutes les courses de ce voyageur qui, à Dôle, reçoit ce matin des nouvelles de la sainte famille. » Et il leur dit sa tendresse paternelle en empruntant le mot charmant de saint François de Sales : « Mes petits sont mignons..., j'ai beau en voir d'autres, je ne trouve pas mes filles. » Dans un moment de grande fatigue, il les rassure et les remercie des sacrifices qu'elles avaient offerts à Dieu en vue de sa guérison. « Le voyage s'est bien passé dans la reconnaissance pour les trois cent soixante-sept pratiques inspirées par Notre-Seigneur à des cœurs délicats et reconnaissants. — Au milieu de ses courses, l'abbé Bourbonne jetait, en passant, un regard sur les beautés de la nature ; il ne songeait plus à se le reprocher comme dans son enfance et leur souriait pour s'élever à Dieu. « Me voici donc installé à Zug, en vue de son magnifique lac. Que Dieu est grand et que ses œuvres sont admirables ; verdure, grandes eaux, montagnes, neiges éternelles, bénissez le Seigneur. Oui, cette vue, en ce seul panorama, me le fait chanter. »

Le bruit des villes le fatiguait : il détournait la tête. Bruxelles lui fait dire : « La figure de ce monde passe..., allons du rien au tout. »

Nous trouvons encore cette note bien caractéristique : recevant, à Troyes, l'hospitalité dans une maison religieuse établie dans les bâtiments de l'ancienne préfecture, on lui offre la chambre qu'occupait Napoléon. « J'ai demandé, écrit-il, à l'ombre du grand homme, ce qu'il en était de lui et j'ai entendu : *transiit*... il a passé... Et nous aussi nous passerons, et si nous ne sommes pas des saints, des âmes de pénitence, d'obéissance, de prière, il ne restera rien de nous sinon le regret, le remords, la peine, l'éternelle sanction ! »

En 1885, l'abbé Bourbonne fit, pour la seconde fois, le voyage de Rome. Arrivé le 8 avril, il y séjourne jusqu'au 15. Sa première messe est à Saint-Louis des Français, son premier pèlerinage à Saint-Pierre. Le lendemain, il rend visite au divin Bambino, puis il dit la messe devant la colonne de la flagellation. « Mon Dieu, écrit-il, que de leçons d'humiliation et de désirs !... Ah ! qu'ils ne soient plus stériles !... J'ai demandé pour nous tous d'être liés, d'être teints, de n'être qu'un... J'ai tant parlé de générosité : est-ce que la race des saints ne continuerait pas ?... » Le 11 il écrit ce mot : « Je bénis nos malades, nos saines, nos saintes et nos pauvres pécheresses. — Leur pauvre père pécheur. » Il cite sans détails ses pèlerinages aux grands sanctuaires, aux Catacombes et le 15, avant son départ, il rassure les Sœurs en écrivant : « La santé céans est on ne peut meilleure. »

A cette époque les plus grandes choses ne pouvaient le retenir longtemps; aussi écrivait-il à son retour de Rome : « Sans doute la piété se retrempe aux sources même de nos croyances; mais l'esprit sollicité par tant d'impressions diverses, par tant de vives images, se détourne forcément de son objet divin. Dans le cœur à cœur de la cellule il en jouit pleinement : tout intermédiaire est supprimé... Seigneur, pendant le voyage j'ai admiré vos œuvres, leur beauté, leur grandeur. Je vous cherchais dans leurs perfections, mais nulle part je ne vous retrouve mieux que dans ma pauvreté. Vous m'avez reçu dans ces palais et dans ces temples construits pour vous; laissez-moi vous faire les honneurs de ma cellule, de ma pauvre chapelle : c'est le plus beau des séjours si vous daignez m'y visiter. »

Voilà en quoi consistait le repos de l'abbé Bourbonne : il priait, il faisait de pieux pèlerinages.

Ajoutons encore que, le plus souvent, ses courses étaient de vraies missions.

✠

Il portait l'édification dans sa famille, chez un ami, partout où il se trouvait. « Après son ordination, écrit un de ses parents, il continua à venir chaque année à Bar, mais pour quelques jours seulement. Il arrivait le soir et dès le lendemain matin, toujours, il allait dire la messe à Notre-Dame du Chêne. Je savais qu'il préférait, en y allant, cheminer seul, je le laissais donc partir en avant et nous revenions ensemble avec toute la famille. Dans les lettres qu'il écrivait à mon père, à son oncle Bourbonne, à notre grand'mère et, dans ces derniers temps, à ma femme, il y avait toujours place pour le bon Dieu, recommandant de l'aimer, de l'aimer beaucoup, paraphrasant cette idée que l'amour de Dieu suffisait à tout (1). »

Son ami, l'abbé Cointet, rend ce témoignage : « Il est venu trois ou quatre fois pour quelques jours dans mon presbytère. Je puis affirmer que chaque fois il a fait un bien sensible dans ma paroisse, et il est exact de dire que personne ne l'a entendu ou n'a conversé

1. Lettre de M. Ferlet.

avec lui sans se sentir pressé de devenir meilleur.

« J'admirais comment, dans ses voyages, il écartait toute combinaison qui l'eût empêché, un seul jour, d'honorer Dieu par l'offrande du saint sacrifice. »

De Zug, la supérieure de l'hôpital écrit en souvenir de son passage : « Il y a dix-huit mois, pendant son séjour dans notre petit hôpital, nous avons eu toutes l'occasion d'apprécier souvent le zèle et la bonté de ce saint et digne prêtre; et depuis son retour à Paris il a même voulu continuer ses sages conseils à plusieurs de nos Sœurs. »

Mais bien souvent l'abbé Bourbonne allait, par un mouvement invincible, au-devant des âmes.

Voilà, par exemple, ce qu'il fit dans un passage de quelques heures à Nancy. « En 1886, dit un témoin, j'allai le trouver à la Visitation où il venait de dire la sainte messe... Il était arrivé la veille à onze heures du soir, et ses traits accusaient la fatigue. Il fut impossible de lui faire avouer qu'il aurait besoin de repos; au contraire, il me dit presque aussitôt qu'il n'avait pas suffisamment de travail pour sa journée et il me pria de lui *chercher des âmes.* Il savait qu'ayant habité longtemps Nancy, j'y avais de pieux amis. En face de sa fatigue réelle j'hésitais à accéder aux désirs de son zèle; puis ses instances devenant plus pressantes, j'allai prévenir plusieurs personnes que je savais à même de profiter de la grâce si grande de ses avis. Tout le jour notre Père se donna à tous et à toutes. Le soir à huit heures il partait pour un pèlerinage où il arrivait à onze heures. Le lendemain on insistait pour le garder toute la journée, espérant que le bon air de cette solitude réparerait un peu ses forces. « Le meilleur, le seul repos pour le prêtre, répondit-il, est de faire du bien aux âmes. » Et les bons religieux, gardiens de ce sanctuaire, ne purent obtenir qu'il ne repartît pas au milieu du jour, par la grande chaleur, pour arriver à Metz à la date fixée. D'autres, mieux informés que moi, pourront dire ce qu'étaient tous les ans ses vacances; mais ce que personne ne pourra dire, c'est le nombre d'âmes auxquelles, sur le parcours de ses voyages, il a rendu la paix ou bien ouvert une voie toute nouvelle de confiance et d'amour (1). »

1. Mlle du Mesnil.

Ce qu'étaient ses vacances à la Salette, le R. P. Berthier a bien voulu se charger de nous le faire connaître.

« Il me sera difficile de vous donner de longs détails sur le regretté abbé Bourbonne, qui était un de nos bons amis.

« Vicaire de Saint-Eustache d'abord, paroisse où a été inauguré de bonne heure à Paris le culte de Notre-Dame de la Salette, l'abbé Bourbonne venait depuis de longues années au pèlerinage, et cela presque tous les ans. J'ai toujours admiré sa piété, son union à Dieu qui ne pouvait se dissimuler, sa dévotion pour le sacrement de pénitence, qu'il recevait fort souvent dans ses divers pèlerinages ; son zèle à aider les missionnaires à entendre les confessions, à prêcher aux pèlerins avec une ferveur digne de saint François de Sales ; son esprit de prière, qui s'est révélé à moi d'une manière plus marquée dans son dernier pèlerinage de 1890.

« Chaque fois qu'il venait à la Salette, c'était un bonheur pour moi de l'entretenir ; sa conversation, toujours aimable, ne roulait que sur des sujets religieux et sur quelque bien à poursuivre.

« J'ai admiré, dans nos entretiens, l'affection

qu'il avait pour les prêtres et le désir qui le brûlait de leur faire du bien. Aussi était-il heureux de pouvoir faire le matin la méditation aux enfants de notre école apostolique, et les aînés, qui sont prêtres aujourd'hui, se souviennent avec bonheur des paroles brûlantes qu'il leur adressait. De loin il les édifiait encore par les *Petites Fleurs* qu'il savait si bien cueillir et dont il nous a toujours envoyé d'abondants bouquets.

« Il ne quittait jamais le sanctuaire sans nous laisser une offrande pour cette œuvre, offrande que, dans sa délicatesse exquise, il déguisait sous la forme d'honoraires de messe. »

Suivons encore l'abbé Bourbonne dans une de ses visites à Ressons.

«... Il venait généralement le soir; on l'envoyait chercher à la gare, qui est à dix minutes de la maison. Après avoir dit un paternel bonjour à ses hôtes, il allait à la chapelle saluer le bon Dieu, le Maître de la maison, disait-il, à moins qu'on ne l'attendît pour dîner : car alors il faisait plier tout ce qui n'était pas nécessaire aux convenances de ses hôtes.

« Le repas du soir terminé, et après quelques instants de conversation, il se retirait dans sa chambre. Il acceptait l'heure qu'on lui proposait pour sa messe du lendemain.

« ... Il ne refusait jamais de confesser les personnes qui se présentaient avant la messe. Si on lui demandait de dire un mot avant l'Evangile, on sentait qu'on le rendait heureux de parler du bon Dieu... Il acceptait aussi de se taire, mais cela coûtait à son zèle. Pendant l'action de grâces il se tenait à genoux droit sur son prie-Dieu, sans s'appuyer, les mains jointes, les yeux fermés, dans l'attitude du plus profond recueillement et comme un homme qui écoute...

« Le courrier arrivait vers huit heures et demie ; il lisait, pendant le petit déjeuner, les nombreuses correspondances qui lui arrivaient, entremêlant sa lecture de quelques paroles cordiales, simples, et nous faisant part des nouvelles qui pouvaient nous intéresser. Aussitôt après, il remontait dans sa chambre si l'on ne sortait pas, et écrivait des lettres, ce qu'il faisait presque toujours à genoux. C'était du reste, avec la prière, sa principale occupation, à quelque heure que ce fût, dès qu'on ne disposait pas de lui. Il profitait de ces deux jours de repos pour tâcher de se mettre au pair. N'eût-il eu qu'un qua d'heure en nous attendant, il écrivait jusqu'à ce que l'heure fût arrivée. Le nombre de lettres qu'il expédiait pendant son séjour était prodigieux. Cela ne l'empêchait pas d'être à la disposition de quiconque voulait lui parler; car il faisait passer avant tout le bien et la consolation de ceux avec lesquels il se trouvait.

« Dans la matinée il retournait une ou deux fois à la chapelle passer quelques minutes devant le Saint-Sacrement.

« A onze heures et demie on déjeunait. C'est alors qu'il se montrait le plus simple et le plus libre. Il faisait presque toujours une petite sieste après le repas de midi pendant dix à vingt minutes : la moitié de ce temps était donnée au repos de l'âme ; n'était-ce pas même un prétexte pour se retirer après le repas? A table il prenait indifféremment ce qu'on lui offrait, ne donnant de préférence qu'à ce qui pouvait être utile à sa santé. On pouvait deviner, dans sa manière de faire, plus d'une mortification et beaucoup de condescendance. Il était obligé de prendre souvent de la nourriture pour se soutenir, et le demandait tout simplement quand il en éprouvait le besoin.

« On invitait souvent des prêtres des environs; il leur témoignait respect et cordialité, et profitait souvent de la présence du curé pour se confesser...

« Il n'aimait pas qu'on fût triste ou trop sérieux en société; mais il voulait qu'on prît part à la conversation et à la gaieté générale dans une sage mesure, qu'on fût aimable, chacun suivant ses moyens, qu'on s'oubliât sans cesse pour s'occuper des autres. Lui-même se montrait plein de prévenance et de politesse pour tous, et se pliait admirablement au caractère et au genre de chacun... Tout en appréciant l'esprit chez les autres comme un don de Dieu, il en faisait peu de cas pour lui et pour ses enfants spirituels, et il ne voulait pas qu'on y tînt trop. J'aime mieux, dit-il un jour, éviter le plus petit péché, faire le plus petit acte de vertu, que d'avoir de l'esprit, même dans le bon sens.

« Il aimait les promenades en voiture découverte, surtout dans les dernières années, où la marche le fatiguait; on lui procurait ce repos. Il le demandait lui-même le premier pour son utilité, mais aussi pour le bien spirituel des autres... Même dans ses promenades il ménageait le temps, lisait les lettres, faisait quelque lecture, disait le bréviaire ; entre temps il faisait participer ses hôtes à sa lecture et entremêlait tout cela de quelques mots aimables. Mais on sentait que son temps était précieux et qu'il voulait en dérober le moins possible au service de Dieu et des âmes.

« Son repos lui servait à répondre aux nombreuses obligations qu'il s'était imposées ; aux besoins de tant d'âmes dont il s'était chargé. Il le témoignait souvent.

« A Ressons, il allait voir M. le curé et aussi les Sœurs, auxquelles il consacrait quelques instants afin de les aider et de les encourager. Pendant un hiver, il alla à cinq heures, par la neige et un froid rigoureux, au village, à deux kilomètres, afin de voir les Sœurs qui n'avaient pu venir le trouver. Il prolongea sa visite autant qu'il le put pour le bien et la consolation de ces bonnes religieuses, et revint en courant, tout essoufflé, pour ne pas retarder l'heure du dîner.

« Il allait aussi, quand on le lui demandait, chez les paysans malades ; mais il leur parlait peu et se contentait de leur montrer un air bon et compatissant. Il y joignait l'offrande d'une orange qu'on lui avait donnée pour son voyage, ou d'une médaille ou image sous laquelle il glissait une petite pièce d'argent. Le 23 janvier 1888, il avait ainsi visité une jeune fille malade et sur le point de mourir. Il lui donna sa bénédiction, qu'elle reçut en pleine connaissance. On eût désiré qu'il obtînt de la sainte Vierge la guérison de cette jeune fille. Il ne pria pas à cette intention, parce que cette âme paraissait bien préparée « et qu'il « ne fallait jamais perdre l'occasion de bien « mourir ». Cinq minutes après son départ, la jeune fille rendait le dernier soupir.

« Il était bon, simple, abordable pour les petits, pour les serviteurs, tout en mettant dans ses rapports avec tous un tact, une discrétion, une convenance qui faisait que les droits de tous étaient sauvegardés, que chacun était content de son accueil et se sentait porté à mieux servir le bon Dieu dans la condition où il se trouvait. Il allait voir les domestiques au moment de leur repas le jour de son départ, s'asseyait auprès d'eux et leur adressait un mot du bon Dieu. Un jour il proposa de réserver le meilleur morceau d'un plat à une femme de chambre qui était malade. Il portait souvent des oranges, lorsqu'on lui en envoyait dans sa convalescence, aux deux personnes qui s'occupaient de lui et quand elles n'osaient accepter, il leur disait : « Si vous saviez le plaisir que j'ai à donner, « vous ne me refuseriez pas. » Il était particulièrement bon et prévenant pour la vieille bonne qui faisait son service ; il allait lui faire de petites visites dans sa chambre, dans la journée, s'asseyait sur un petit tabouret dans un coin ; il lui adressait quelques mots bienveillants... Que de mortifications, d'amour de Dieu et de charité pour le prochain dans cette vie si simple en apparence, qui se rapetissait à notre niveau ! Quelle contrainte n'a pas dû imposer à son amour cette condescendance (1). »

Ces quelques récits font entrevoir le bien que l'abbé Bourbonne accomplissait pendant ses voyages. « Les monastères de Moulins, de Bordeaux... presque toutes les Visitations de France, celles même de Suisse, nombre de communautés Carmélites, Bénédictines, Franciscaines, Augustines, Sœurs de la Présentation, Oblates de Saint-François de Sales, Sœurs servantes de Marie, Sœurs servantes du Sacré-Cœur et tant d'autres sollicitèrent et reçurent ses visites. L'édification qu'il appor-

1. M. Le Cornier de Cedeville.

tait surpassait encore celle qu'il retirait de ses pieux voyages (1). »

Un ami qui l'aida plusieurs fois à préparer ses itinéraires en a conservé le souvenir. Nous lui empruntons les notes suivantes.

En 1883. 6 août, Bar-sur-Seine; — 7, Notre-Dame du Chêne, près Metz ; Besançon; — 9, Ornans; — 14, Fribourg, Chambéry, Thonon; — 17, Annecy; — 21, La Salette, Grenoble; — 24, Mâcon, Autun, Moulins. — En octobre, Evreux; — 2 décembre, Compiègne.

En 1884. 4 mai, Le Mans ; — 6 juillet, Evreux; — 7, Irreville; — 10, Rimont; — 12, Lyon; — 13, La Côte; — 16, Voiron; — 11 août, Dijon ; — 12, Dôle, Vesoul ; — 13, Nancy; — 14, N.-D. de Sion; — 15, Metz; — 18, Dagsthall; — 22, Cologne; — 23, Trèves, Luxembourg; — 26, Bruxelles; — 29, Limoges, Périgueux, Bordeaux.

En 1885. Avril, Dijon, Turin ; — 8, Rome. — Août, Nevers; — 5, Moulins, Autun; — 9, Paray-le-Monial; — 11, Mâcon; — 12, Lyon, Saint-Marcellin, Murinais, La Côte; — 17, La Salette, Grenoble, Chambéry; — 20, Annecy; — 22, Genève; — 23,

---

1. M. l'abbé Caillebotte. *Sem. rel.*

Fribourg; — 25, Bourg; — 26, Ornans; — 27, Dôle; — 28, Bar. — Le 12 octobre, Bordeaux.

Les stations, on le voit, étaient nombreuses et chacune d'elles représentait une pieuse mission à remplir. L'abbé Bourbonne allait comme le semeur, il jetait partout le bon grain.

Telles étaient ses vacances. Assurément ce n'est pas la part de tous de prendre un semblable repos. Notre ami ne pouvait se délasser autrement.

Beaucoup d'âmes lui étaient unies dans la charité du Christ, elles l'appelaient, et sa visite leur était une fête du ciel.

CHAPITRE TROISIÈME

Les publications.

Ce qui inspira à l'abbé Bourbonne la pensée d'écrire.
Son programme.
Petites Fleurs et publications diverses.
Apostolat. — Bien produit.

« La mesure d'aimer Dieu est de l'aimer sans mesure. »

Les enseignements de la chaire et du confessionnal, les œuvres les plus multipliées ne suffirent pas à l'âme ardente de l'abbé Bourbonne. Il y joignit encore la parole écrite.

L'apôtre va seulement en quelques lieux, et le temps emporte l'écho de ses discours. Le livre se répand au loin et demeure : c'est un missionnaire.

Sous l'inspiration de sa foi et de son amour, notre saint ami prit la plume et entreprit un nouvel apostolat, celui des publications.

☩

« Un cœur qui aime ne sait pas se taire, il faut qu'il parle, qu'il s'épanche : c'est une flamme qui ne peut se contenir. Aussi l'apôtre saint Paul, brûlant de charité, crie aux Corinthiens : « *Ma bouche s'ouvre et mon cœur se « dilate par l'affection que je vous porte* (1). » Il exhale cette ardeur en tous lieux, en tout temps, à toutes les pages de ses divines Epîtres (2). »

Tel était saint Bernard dans ses lettres, dans ses entretiens, dans ses écrits et ses discours : il cherchait des cœurs pour les enflammer, les associer à sa vie et les élever à Dieu...

Le cœur embrasé de l'abbé Bourbonne eût voulu atteindre un grand nombre d'âmes et leur communiquer la grâce qu'il recevait si abondamment.

A Saint-Eustache, on s'en souvient, il avait distribué déjà des petites feuilles, et son ami l'abbé Simon l'appelait, à cause de cela, l'homme aux petits papiers.

« Il lisait beaucoup, dans ses voyages, les auteurs des XVIe et XVIIe siècles, sans négliger les meilleurs parmi les modernes. Il lisait et prenait des notes. Ces lectures, il les continuait à son retour. Souvent on le surprenait prenant des extraits, et il y ajoutait ses propres ré-

1. II, Corinth. VI, 7.
2. Ratisbonne. *Vie de saint Bernard.*

flexions. Il écrivait à genoux, afin, disait-il, d'obtenir davantage la lumière divine. C'est alors qu'il eut la pensée de publier, en feuilles détachées et en petit format, le fruit de ses pieuses lectures (1) ».

Plus tard, ses devoirs d'aumônier ne lui permettant pas de prêcher au dehors autant qu'il l'eut souhaité, il résolut de donner un nouvel essor à ces publications et se promit « d'y mettre tout son cœur ».

Enfin, « la Providence vint encore à son secours et lui fournit les moyens de faire imprimer ce qu'il appela les *Petites Fleurs* des saints ».

✠

La lettre suivante nous fera connaître le but élevé qu'il poursuivait.

« Plan de petits écrits revenant périodiquement rappeler comme missionnaires cachés et silencieux, mais tonnants et incisifs, efficaces et décisifs, la vie spirituelle, la pureté de cette vie chrétienne et évangélique, tirée des plus beaux passages des saints et des amis de Dieu.

« Trois buts surtout.

---

1. M. l'abbé Caillebotte. *Sem. rel.*

« I. But suprême et principe de toutes choses : Dieu... Dieu seul ! — II. Moyen universel pour se détacher de tout ce qui n'est pas Dieu, en faire sentir le vide et le malheur : Jésus-Christ, son divin Cœur surtout. — III. Pratique de cette fin et de ce moyen : l'oraison, la prière, la confiance, l'état d'abandon.

« Mais il faut affirmer le bien, faire connaître l'objet : La créature est en possession, il ne suffit pas de dire qu'elle n'est rien, il faut le prouver en traits de feu : *mentiuntur, moriuntur et ad mortem trahunt nos.*

« Comment persuader à l'âme de quitter l'apparent pour le réel et de se résoudre, pour cela, à d'austères et continuelles pratiques ? Pour se renoncer, il faut que l'on connaisse quelque chose de mieux que ce que l'on quitte. On chasse un clou par un autre ; mettez le feu à la maison, on jettera les meubles par la fenêtre. Pour purifier une âme, pour l'enlever à la créature, au péché, pour la détacher, en un mot, il faut lui montrer le beau, le vrai, le bon, il faut le lui faire goûter. Donc il faut donner le positif de Dieu, du Sacré-Cœur, amorcer les âmes par les mystères de Notre-Seigneur.

« Mais le mystère est obscur et lumineux. La vie chrétienne est un mélange de joies et de peines : on a affaire à Dieu, élément certain et mystérieux tout à la fois. Donc il faut prier et compter sur la grâce. Plus je ferai voir cette prière facile, la grâce de Dieu désirable et facile à obtenir, plus les âmes se décideront à quitter l'apparent pour le réel, le temps pour l'éternité, le doux pour l'amer, la créature pour le Créateur.

« En chaque feuille je voudrais parler du rien et du Tout, et de l'union des deux par la prière.

« Exploiter les choses les plus élémentaires, simplifier les méthodes et éviter les termes scientifiques. Mettre l'âme en possession d'elle-même et de Dieu sans presque qu'elle sache comment, et lui apprendre à se passer de tout, à user de tout avec une égale liberté et désintéressement, à aimer tout don de Dieu, mais Dieu encore plus que tous ses dons. Au fond, n'est-ce pas l'esprit d'enfance vis-à-vis de Dieu, la mort et la vie, la paix et le glaive? N'est-ce pas la sagesse et le bonheur pour tous? la vie de l'Esprit, le trésor qui est en notre fonds, mais inexploité.

« C'est toujours du fond que vient la forme. Oh! qu'il faut cultiver la mortification, la délicatesse vis-à-vis de Notre-Seigneur, la fidélité à tous ses divins bons mouvements, le dépouillement de soi, la pureté de cœur, de conscience, d'esprit, de tout le pauvre être..! Et ainsi, pour encourager à cette vraie et nécessaire abnégation, base de tout le reste, il faut montrer sans cesse le beau et attrayant côté de l'amour de Dieu, donnant, donnant encore, donnant toujours, se donnant lui-même. Il faut faire connaître tout ce que le don absolu de soi-même procure à l'âme de sagesse, de paix, d'invincible ardeur (1). »

Voilà ce que voulait l'abbé Bourbonne. Les *Petites Fleurs* firent leur apparition en l'année 1881. Les premiers feuillets avaient pour titre : Utilité du recueillement. — Comment se vaincre ? — L'enfant du Sacré-Cœur. — Le vrai bonheur. — Jésus. — Apprenez-nous à prier. — Le triomphe de Satan. — Sans moi vous ne pouvez rien.

Ces publications furent diversement accueillies. Composées à l'ombre du monastère, il parut à plusieurs qu'elles convenaient plutôt à des religieuses qu'aux fidèles vivant dans le monde. Avec les félicitations et les encouragements, les observations, les conseils et même

---

1. Carnet de notes personnelles, p. 12.

les propositions de sujets plus pratiques arrivèrent de toutes parts. L'abbé Bourbonne, sans s'écarter de son but, modifia quelque peu le choix de ses extraits. On peut dire que le succès répondit à ses efforts.

Plus de deux cents petites feuilles parurent. Presque toutes furent tirées à plusieurs milliers d'exemplaires et répandirent dans les communautés religieuses, dans les associations de piété, dans les familles chrétiennes, des notions substantielles sur tous les points de la vie spirituelle.

☩

D'autres ouvrages plus étendus, LE SECRET DE LA SAINTETÉ et l'ESPRIT DE JÉSUS; des opuscules : *La simplicité dans l'oraison,* les *Avis salutaires* virent aussi le jour. C'étaient ou des réimpressions partielles, ou des extraits coordonnés des saints et des maîtres de la vie spirituelle. Ce travail, qui ne paraissait qu'une compilation, qu'une œuvre d'emprunt, satisfaisait son humilité en même temps que son zèle pour sa propre sainteté et celle des autres. On peut dire que la publication de ces livres prouve un rare discernement dans le choix des textes et montre que leur éditeur connaissait d'une manière intime et pratique les matières de piété (1).

Dans ces divers traités, l'abbé Bourbonne reprend et développe les questions principales disséminées dans les Petites Fleurs.

Le *Secret de la sainteté* est un appel fait aux âmes. Le bonheur du chrétien est de posséder, par la grâce et par l'amour, Celui qui sera sa béatitude éternelle. Le plus grand malheur après le péché est d'ignorer ou de méconnaître ce secret. Dieu nous veut saints de sa sainteté, vivants de sa vie. La sainteté consiste à croire et à recevoir les communications divines, et comme Jésus-Christ en est la source, l'instrument et la fin, elle consiste à s'unir à Lui par l'amour, à se former sur Lui par l'imitation; elle peut et doit pénétrer toute vie, la plus occupée comme la plus simple. — Comment arriver à une vie chrétienne et sainte? Par la prière ou plutôt par la confiance et la foi animant nos rapports avec Dieu : c'est-à-dire, en croyant qu'il nous aime et s'occupe de nous. Celui qui aurait le secret de cette science aurait celui d'une bonne vie, de la vraie force et de la parfaite fidélité. La prière ainsi entendue

---

1. M. l'abbé Caillebotte. *Sem. rel.*

ne devrait être ni rare ni difficile; Dieu est Père, fin, Bienfaiteur; ses rapports avec nous sont actuels et infiniment bons; la prière étant le moyen par lequel nous correspondons à ce qu'il est, peut-elle être difficile? Non. La Providence a établi que plus une chose est nécessaire, plus elle est à notre portée. Or, « Dieu n'est prodigue d'aucun bien autant que de Lui-même. » La prière qui nous le donne et nous fait vivre de Lui, doit être facile; mais il faut y apporter la conviction, la bonne volonté qui fassent valoir en nous le don de Dieu.

Pour aider cette bonne volonté dans la double prière du cœur et des actes, nous trouvons les règles les plus sûres enseignées par saint François de Sales, le R. P. Crasset, Gonnelieu, Lallemant, M. Olier. — L'ouvrage est divisé en trois parties. — I. Sanctification des actions; réception des sacrements; présence de Dieu. — II. Vie intérieure : imperfections et remèdes; règles de la mortification, de l'oraison et de la vie intérieure. — III. Union à Dieu par la contemplation. — « Et comme toutes ces différentes voies, conclut l'abbé Bourbonne, sont de Jésus et mènent à Jésus, nous sommes ainsi amenés à le contempler Lui-même, en son plus beau trône de grâce, en sa virginale Mère, la glorieuse et la plus féconde manifestation de sa vie. » — *Adveniat regnum tuum*.

Il s'agit avant toutes choses de mettre les âmes en rapport avec Dieu :

« Tout homme qui fait usage de sa raison et de sa foi, est capable de quelque degré d'oraison ; bien qu'en vérité tout le monde ne puisse pas en atteindre tous les degrés. » Cependant combien d'âmes n'osent pas en aborder la pratique ou se découragent par suite de l'idée inexacte qu'elles s'en font ! « Une âme ne pût-elle se servir d'aucune méthode, ne devrait pas se croire, pour cela, exclue du bienfait de l'oraison. D'autre part, pour certaines âmes déjà avancées, une manière plus simple de traiter avec Dieu *devient* nécessaire : le sait-on assez généralement ? » *La simplicité dans l'oraison* ne présente pas une méthode, mais de simples conseils tirés des écrits des saints et des auteurs approuvés, dans le but d'aider les âmes chrétiennes, quel que soit leur état intérieur, à s'assurer les immenses ressources que procure l'oraison, pratiquée avec simplicité et confiance.

L'*Esprit de Jésus en ses mystères* a pour objet de mener les âmes à Celui qui est « la voie, la vérité, la vie ». Le tout de la religion c'est la piété : le tout de la piété c'est Jésus-Christ (1). Donc connaître le Sauveur, lui ressembler, lier avec Lui une sorte d'intime et continuel commerce, moyen d'acquérir et de développer la piété. Le R. P. Surin divise la vie de Jésus-Christ en trois époques : — I. *Sa venue dans le monde*. Incarnation, naissance, enfance. — II. *Sa demeure dans le monde*. Conversation, prédications, miracles, peines, fatigues. — III. *Le temps où il a quitté le monde*. Passion, résurrection, ascension. — En y joignant la consommation de son œuvre dans le monde, on a l'ensemble des mystères joyeux, douloureux, glorieux dont la méditation est instamment demandée par Léon XIII. — Donc, suivre Jésus-Christ : les actes des mystères sont passés, mais la grâce demeure féconde, l'Eglise la renouvelle dans ses fêtes : on la puise aussi dans l'oraison. C'est à cette prière que l'auteur veut porter les âmes.

☖

Plusieurs fois ces diverses publications se ralentirent ou s'arrêtèrent, sur les instances

---

1. Bossuet.

qui furent faites pour épargner à l'abbé Bourbonne un surcroît de travail et de fatigues. Mais soudain les *Petites Fleurs* s'épanouissaient de nouveau. Des demandes étaient arrivées, et le pieux aumônier, heureux de voir, dans cet appel, une volonté de Dieu exprimée, reprenait la plume avec ardeur pour « faire du bien aux âmes. — Faire le plus de bien possible aux âmes pour l'amour de Dieu, c'est pour cela que nous sommes sur terre, disait-il, et non pour nous reposer. »

La mort le trouva à l'œuvre : il venait de rééditer, avec d'importantes modifications, l'*Esprit de Jésus dans ses mystères,* et mettait la main aux derniers numéros de la septième série de ses *Petites Fleurs*, restée inachevée.

La diffusion avait été rapide. S'il y eut des milieux où les *Petites Fleurs* restèrent dans l'oubli, il y en eut d'autres, les missions en particulier, où on les reçut comme de vrais trésors. Elles furent surtout appréciées par les prédicateurs de retraite qui, avec un choix judicieux, les distribuèrent comme souvenir de leurs instructions, et accentuèrent ainsi les paroles qu'ils voulaient graver dans l'esprit de leurs auditeurs.

Le 23 septembre 1882 l'abbé Bourbonne

écrivait à ce sujet, à une Supérieure de communauté : « Il me vient en pensée de vous demander si je ne pourrais pas proposer nos *Petites Fleurs*, soit en livres, soit en feuilles en façon de retraites, à quelques-uns de nos bons Pères, ou à quelques personnes ayant charge d'âmes... Je me demande pourquoi, si elles étaient connues, malgré leur petitesse, elles ne feraient pas ce qu'elles ont pu faire entre les mains du bon Frère Exupérien, qui en a pris, en une fois seulement; soixante-quinze mille ! »

Ces publications saluées respectueusement par la presse catholique, surtout par la *Semaine religieuse de Paris* et par l'*Univers*, avaient reçu les plus hautes approbations.

Mgr le coadjuteur de Paris les avait encouragées par cette lettre adressée à l'auteur.

« Je vous remercie des *Petites Fleurs* que vous avez eu la délicate attention de m'envoyer pour la fête de Tous les Saints. Je demande, avec vous, à ces amis de Notre-Seigneur, que ces *Petites Fleurs* bénies par sa main paternelle soient pour beaucoup d'âmes *bonus odor Christi*. » 31 octobre 1881.

Parmi les autres approbations, citons seulement celles-ci :

« L'archevêque de Reims remercie cordialement le pieux et vénérable aumônier de la Visitation. Il saisit cette occasion pour réclamer des prières en échange des bénédictions qu'il donne au livre, à l'auteur, au monastère. »

Mgr l'évêque d'Orléans avait aussi daigné écrire : « Comme vous êtes bon, mon cher ami, de m'envoyer la fleur de vos fleurs ! Merci, merci ! Ce petit volume est ravissant dans le fond et dans la forme. Oserais-je vous dire qu'une petite table à la fin en ferait une perfection ? Ce sera un *vade mecum* bien commode pour les méditations en voyage.

« Je bénis l'aimable et aimé jardinier du parterre. » 29 octobre 1881.

Le Seigneur bénit aussi l'ouvrier qui travaillait si courageusement à sa vigne. Les *Petites Fleurs* répandirent au loin la bonne odeur de Jésus-Christ.

Qui ne voudrait, en comparaissant au tribunal de Dieu, avoir à l'actif de ses œuvres tout le bien produit dans les âmes par les *Petites Fleurs* ?

CHAPITRE QUATRIÈME

Année 1889.

Maladie. — Convalescence : séjour au château du Montois.
Reprise du ministère.

Il est rapporté dans la vie de M. Boudon que « sa complexion naturellement délicate n'était pas propre aux grandes fatigues : cependant le zèle de la gloire de Dieu qui le dévorait nuit et jour, son ardeur pour le salut du prochain, la sainte haine qu'il portait à cette chair de péché qui nous suit partout, lui firent tellement oublier la faiblesse de son corps qu'un homme qui ne se ménage que dans l'ordre fait moins dans un an qu'il ne faisait dans un mois, quelquefois même dans une semaine. Il ne doutait pas que tout ne dût se retrouver un jour; mais il doutait encore moins qu'en se préparant des souffrances pour l'avenir il ne se préparât des couronnes. Aussi, peu content de ses travaux excessifs, il y joignait tout ce que les artifices de la pénitence ont inventé de plus terrible et surtout son jeûne presque continuel et des veilles qui ne durèrent guère moins.

« Enfin la nature plia sous un fardeau qu'elle n'avait si longtemps porté que par une espèce de miracle. Le grand archidiacre devint, sur ses vieux jours, si desséché et si languissant, qu'on ne le prenait désormais pour un homme que parce qu'il n'en avait pas entièrement perdu la figure (1). »

Sur ce point comme sur plusieurs autres, l'abbé Bourbonne imita le noble serviteur de Dieu, dont il appréciait les vertus et les écrits.

☨

Sa santé avait subi bien souvent de rudes assauts. Après avoir quitté Saint-Eustache, épuisé de fatigue, il avait repris peu à peu ses forces à la Visitation. En 1878 il se trouva de nouveau si souffrant qu'il reçut l'ordre de ne rien faire. Il se demanda même si son état lui permettrait de continuer ses fonctions. Dans cette anxiété, il se remit à Dieu : « Je me laisse, ô mon Dieu, dans vos mains. Tournez et retournez cette boue; donnez-lui une forme, brisez-la ensuite; elle est à vous, elle n'a rien à

---

1. Vie de M. Boudon.

dire. Il me suffit qu'elle serve à vos desseins et que rien en moi ne résiste à votre bon plaisir. Demandez, ordonnez, que voulez-vous que je fasse? que voulez-vous que je ne fasse pas? Elevé, abaissé, persécuté, consolé, appliqué à vos œuvres ou inutile à tout, il ne me reste qu'à dire, à l'exemple de votre sainte Mère : Qu'il me soit fait selon votre parole ! » Cependant il se remit de cette grande prostration ; se croyant même plus fort qu'auparavant, il se livra sans mesure à l'ardeur qui le dévorait.

Bien que déchargé du souci des choses temporelles, dans la vie ordinaire, par les soins de son frère qui avait toujours vécu avec lui, un travail sans relâche, ses pénitences rigoureuses, ses veilles continuelles retombaient lourdement sur son corps délicat. « C'était une lampe qui brûlait toujours. » Il ne pouvait manquer d'arriver au terme de ses forces : il tomba peu à peu. On lui rappelait de temps en temps la nécessité de modérer son zèle et de se ménager. Mais il croyait que Dieu lui demandait de se dépenser sans mesure ; il ne voulait s'arrêter que s'il voyait que telle n'était plus la volonté divine. « Quand j'aurai la certitude que Dieu ne me demande pas de me dépenser sans mesure, je me ménagerai. »

A cela que pouvait-on dire? « On se contentait d'admirer son oubli si complet de lui-même, en priant Notre-Seigneur de continuer à le soutenir dans un travail qui dépassait de beaucoup ses forces physiques. »

Il commença l'année 1889 avec un gros rhume, accompagné de symptômes fâcheux. Cela ne l'empêcha pas, quelques jours après, de faire une grande course par la neige et le vent, dans le but de rendre un charitable service. Pendant tout le carême il se trouva très fatigué, il refusa cependant de se faire remplacer pour les offices de la semaine sainte. Une petite vacance fit espérer qu'il serait mieux au retour.

Il n'en fut rien.

Il tomba dans la langueur. Une fièvre typhoïde, d'un caractère peu tranché, mais par là même plus perfide, le saisit bientôt. En proie à de violents maux de tête, à des insomnies continuelles, il demeura trois mois au lit ou dans la chambre.

Ces longues souffrances, qui le rendaient plus impressionnable, n'enlevaient rien à sa présence d'esprit. Toujours égal et serein, dans les alternatives du mal, ayant mis ordre à ce qui le concernait, il laissa à Dieu ce qu'il ne pouvait faire ; cela lui coûtait bien, pourtant : car son ministère était plus utile que jamais au moment de la première communion des enfants.

Il pensait aux communautés dont il était le confesseur, dans la crainte qu'elles n'eussent pas été suffisamment prévenues de l'impossibilité où il était d'accomplir son ministère. « On voyait alors, en ces circonstances, toute la délicatesse de sa charité, et même la grande sensibilité de son cœur, qui a dû souvent lui être une occasion de souffrance et surtout de mérite. »

Un jour il désira connaître les recommandations faites par le médecin au sujet des ménagements à prendre dans l'avenir, et il insista en demandant qu'on lui dît tout. Pendant qu'on lui parlait, il interrompit : « Oh ! alors, plus de pénitences ! » dit-il avec un accent de douloureux regret. Puis, craignant de s'être trahi, il ajouta : « Oh ! n'allez pas croire que j'en faisais beaucoup, oh ! non. Mais *fiat ! fiat !* à tout ce que le bon Dieu voudra. »

Dès qu'un mieux réel se présenta, un séjour à la campagne parut nécessaire, pour rendre au plus vite au convalescent appétit, force et sommeil.

☦

M. et Mme Le Cornier de Cedeville le reçurent au château du Montois, où il séjourna du 20 juin au 27 juillet.

« Il était loin d'être guéri lorsqu'il arriva à Ressons, et l'amélioration sérieuse et tant désirée fut lente à se produire.

« Pendant plusieurs semaines, la fièvre le reprenait continuellement. Ses nuits étaient de longues insomnies, accompagnées le plus souvent de transpirations si abondantes, qu'il était obligé de changer trois ou quatre fois de lit. Ses digestions, la plupart du temps pénibles, le portaient, comme il le dit une fois, à une tristesse, à un accablement physique, contre lesquels il cherchait à réagir, soit par le repos, soit en s'occupant. On l'entendait quelquefois chanter dans sa chambre le *Magnificat* ou un autre cantique. »

Des parents vinrent visiter la famille Le Cornier pendant le séjour du vénéré convalescent. On se réjouissait de la distraction utile que cela pouvait lui apporter, mais il n'en fut pas souvent ainsi.

« Tout le fatiguait en effet : une conversation soutenue ou bruyante ; un morceau de musique qu'il aimait cependant à entendre ;

une promenade en voiture découverte qu'il avait accueillie avec plaisir, quand elle dépassait une demi-heure ou trois quarts d'heure.

« Il ne s'en rendait pas toujours compte; on ne s'en apercevait qu'après, car il présumait ordinairement trop de ses forces.

« Mais jamais il ne se plaignait; il se contentait d'avouer simplement son mal et ce à quoi il l'attribuait, quand on le pressait de questions, l'atténuant toujours et cherchant à occuper de lui le moins possible.

« Toutefois, comme il était là pour se soigner et que telle était alors la volonté de Dieu, il mettait, à accomplir cette divine volonté, la même attention, la même ardeur d'amour qu'il apportait à tout ce qu'il faisait pour le bon Dieu, et exécutait avec une soumission et une ponctualité parfaites tout ce qui lui était ordonné ou conseillé pour le bien de sa santé.

« Il s'assujettissait avec une condescendance paternelle, simple et digne, avec patience, aux mille précautions qu'on lui suggérait respectueusement de prendre, parce qu'il n'y pensait pas lui-même.

« Cela devait bien lui coûter; c'était si peu dans ses habitudes ! Néanmoins, il était si bon qu'on s'enhardissait à lui dire, suivant la nécessité, de se couvrir ou de se découvrir, de s'abstenir de telle ou telle chose, ou d'en prendre une autre, etc.

« Quelquefois, surtout dans les premiers temps de son séjour, il opposait un peu de résistance; mais il finissait par condescendre d'une manière édifiante aux instances de ceux qui le soignaient, se laissant conduire comme un enfant.

« On sentait que l'abbé Bourbonne voulait par là imiter l'humble dépendance de Notre-Seigneur et nous donner l'exemple. Il retarda de huit jours la récitation de son bréviaire sur le conseil de M. Le Cornier, qui ne trouvait pas le vénéré malade assez bien pour reprendre cet exercice.

« Quelquefois on faisait atteler une petite voiture à âne pour le conduire dans le bois, en haut de la côte, afin de lui épargner une marche pénible et fatigante. Il ne paraissait jamais s'en soucier quand on le lui proposait; mais si l'on insistait, il condescendait simplement.

« Que de pratiques d'humilité, de patience et d'abandon à Dieu ne fit-il pas! Il se pliait, sans rien dire, à toutes les exigences pénibles et humiliantes de sa situation. Il conservait une sérénité, une union à Dieu admirable au milieu d'une vie si différente de ses habitudes et de ses aspirations. — Cette âme si zélée, si délicate, si oublieuse d'elle-même, devait souffrir en se voyant réduite à l'inaction, à l'impuissance et à l'obligation constante de s'occuper de soi-même et d'en occuper les autres. — Quelle peine c'était pour lui d'avoir à se faire remplacer si longtemps au couvent de la Visitation, et d'abandonner ainsi le soin de tant d'âmes !

« Il ne pouvait même pas écrire beaucoup, parce qu'il lui fallait un repos presque absolu. Néanmoins il trouvait le moyen de concilier l'obéissance avec la permission qu'on lui avait donnée de faire de ses occupations des distractions et non des fatigues.

« Il écrivait donc dans la journée, cinq ou dix minutes et même un quart d'heure à la fois, ou dictant une lettre, alternant cette occupation avec un peu de repos sur un lit, une visite à la chapelle du château, la récitation du chapelet, ou une lecture pieuse.

« Il avait toujours son chapelet et son livre à la main lorsqu'on allait se promener dans le bois. Si l'on n'avait rien à dire, il faisait lire un peu dans son livre, arrêtant le lecteur à certains passages pour les commenter et les lui appliquer.

« Il semblait que son dévouement et son zèle, retenus comme en captivité pendant cette longue maladie, cherchaient, en quelque sorte, à se concentrer sur ses hôtes afin de leur rendre son séjour utile.

« Il ne perdait, en effet, aucune occasion de leur faire du bien. Tantôt c'était par la bonté avec laquelle il entrait dans tous les détails de leur vie; par l'affabilité et la simplicité toute cordiale de sa conversation, qu'il tâchait doucement de rendre gaie et agréable, en dépit de ses malaises et souffrances qui se trahissaient sur sa physionomie. Tantôt c'était en parlant du bon Dieu à table, au salon, à la promenade. Il n'en cherchait pas les occasions, et se montrait même plus réservé sur ce sujet que par le passé; mais lorsque les conversations s'y prêtaient et que le Saint-Esprit l'y poussait, il parlait du bon Dieu, de la nécessité de l'aimer, de le servir, avec une onction, une conviction et un feu qu'il cherchait à faire passer dans nos âmes. »

Ainsi se réalisait la parole : « Celui qui reçoit le juste recevra la récompense du juste. »

✠

Après ces quelques semaines passées sous le toit de la famille Le Cornier, l'abbé Bourbonne revint à Paris, où il resta seulement quatre jours : du 30 juillet au 3 août. La Providence ne se rendait-elle pas aux vœux qui, de toutes parts, avaient sollicité son rétablissement? Pourtant la maladie avait laissé des traces profondes ; chacun fut attristé de le voir si faible. Plusieurs médecins consultés exigeaient le repos, un régime tonique, la promenade au grand air, les repas réguliers. On se hâta de congédier le convalescent ; malgré toutes les précautions dont on l'entourait, il se fût livré bien vite aux personnes qui désiraient le voir.

Il partit donc pour la Suisse. Après une station de dix jours à Züg, il visita successivement Notre-Dame des Ermites, Annecy et la Salette, laissant partout un suave parfum de piété, d'abandon, d'amour de la Croix. On remarqua aussi que les douloureuses épreuves de la maladie avaient mis un suprême cachet à sa vertu déjà si grande. Cette impression fut ressentie par tous ceux qui le virent depuis au confessionnal ou dans les relations intimes.

Il comprit qu'il devait diminuer quelque peu

ses travaux. Dans une lettre, il demande à être déchargé des instructions aux fidèles, devenues un souci et une fatigue au-dessus de ses forces. « La confession, dit-il, est la seule chose que Notre-Seigneur me laisse la liberté d'accomplir, » et il parle de la confession des Sœurs, car il ajoute : « Je suis bien résolu à ne pas reprendre, comme par le passé, les confessions de la chapelle. Dieu, sans doute, me demande plus de vie de prière et d'humiliation que de zèle et d'action. Ne sera-ce pas encore répondre aux impressions de la grâce et de dévouement pour les intérêts de Notre-Seigneur et des âmes, ressenties à la Salette, de la meilleure manière, de la manière même que notre saint Fondateur le veut de ses filles? Si le bon Maître plus tard daigne vouloir autrement pour ce pauvre serviteur, j'espère qu'il suivra aussi sa bénite voix; seulement, que je sache bien l'écouter ! »

Econduire les âmes, se rendre moins accessible, quel sacrifice pour l'abbé Bourbonne! Jamais peut-être l'obéissance ne lui avait demandé une chose aussi pénible !

Avant de revenir à Paris, il écrivait à ses chères filles de la Visitation cette lettre toute pleine de son cœur : « Votre lettre si religieusement filiale m'a bien porté à demander à Notre-Seigneur que je ne sois pas votre Père à moitié, mais bien tout entier, quoi que fasse le reste. Et vraiment ce cœur, ce me semble, est prêt à faire moins de travail si Jésus veut. Mais on est si sujet à se faire illusion et à prendre son pauvre esprit pour l'esprit de Dieu, que je vous supplie, ma bonne Mère et mes bien-aimées filles, de prier pour moi pour que je ne fasse ni plus ni moins que ce que veut le bon Dieu, et que je le fasse bien, c'est-à-dire le lui laissant faire. Voilà un petit peu de mon cœur et de l'intime. »

Revenu à Paris, l'abbé Bourbonne reprit au mois de septembre les retraites annuelles des religieuses, qui se poursuivent jusqu'en novembre et se terminent vers la fête de la Présentation.

En octobre il fit une courte visite à sa chère Visitation de Bordeaux.

Pendant quelques jours il se soumit aux retranchements qu'on lui avait imposés, mais les ménagements pouvaient-ils durer ? La joie de son retour amena auprès de lui tant d'âmes qui lui étaient chères ! Quelle fête pour ses enfants ! Quelle fête pour son cœur de père ! On lui témoignait le bonheur qu'on avait de le revoir après cette longue absence. On lui disait aussi les efforts entrepris pour obtenir sa guérison. « Merci, répondit-il; mais comprenez comme il ne faut s'attacher à rien ni aux personnes qui vivent aujourd'hui, qui meurent demain. Personne n'est nécessaire à Dieu, qui emploie quel instrument il veut. Je ne suis que cela dans ses mains, et plus que jamais j'abdique toute personnalité. Je comprends si bien mon peu de valeur! car partout on m'accueille avec la même parole : Mon Père, je n'ai jamais tant prié. C'est si vrai que je ne suis rien! Aussi je veux me tenir dans ma bassesse et dans mon néant... »

C'est ainsi que l'abbé Bourbonne repoussait la louange et retournait contre lui-même les témoignages d'estime et d'attachement qu'il recevait de toutes parts.

Peu à peu, cependant, il reprit la plus grande partie de ses occupations, et se dépensa plus que jamais. Il semblait qu'il eût hâte de dédommager les âmes des privations causées par son absence. Pourtant nul n'avait souffert autant que lui.

CHAPITRE CINQUIÈME

La fin.

Dernier ministère. — Dernières étapes. — Derniers moments.

« Que la terre est vile, disait saint Ignace, lorsque je regarde le ciel ! » Au seuil de l'éternité les liens se brisent, les agitations d'hier semblent un rêve et une folie, le bruit n'arrive plus, ce qui paraît est néant ; l'âme fait silence, elle appartient à la vérité.

L'abbé Bourbonne avait grandi : ses vertus nombreuses, portées à un haut degré, avaient reçu un nouvel accroissement dans la souffrance. Le pressentiment de sa mort prochaine leur donna encore une forme nouvelle, et sembla les transfigurer.

Plus simple, il ne craignit plus d'exprimer ses sentiments ou de manifester sa joie. Ne tenant plus à rien, moins empressé, prêt à prendre ou à laisser les choses, mais aussi pensant ses heures comptées, il sembla dire :

« Pendant ces quelques jours qui nous restent, faisons, oh! faisons le bien. *Dum tempus habemus, operemur bonum!* »

☩

Comme son âme avoisinait le ciel, sa charité fut plus sereine, son dernier ministère apparut tout ensemble réservé, suave et solennel.

Dans ses prédications mais surtout dans les entretiens plus intimes, il s'arrêtait pour ramener l'auditoire à la présence de Dieu, en disant que sa voix n'était que l'écho de la parole intérieure de Jésus à toute âme qui sait se taire pour écouter.

La pensée de l'éternité revenait et plus fréquente et plus vive. Une des dernières fois qu'il s'adressa aux religieuses, il parla de la sainteté. « Il faut que vous et moi nous travaillions à devenir des saints. Pour moi, dit-il, j'en prends l'engagement devant vous et devant Dieu (1)! »

Du reste ces pensées lui étaient familières : Quand on avait une vive contrariété il répondait souvent : « Qu'est-ce que cela fait, nous mourrons demain; » ou il disait cette autre

---

1. M. l'abbé Caillebotte.

parole qui lui avait été d'un grand secours dans un temps d'épreuve : « Tu n'as qu'un jour pour être juste, et j'ai l'éternité pour te récompenser. » Dans un entretien, il avait dit qu'il ne faut pas négliger la méditation des grandes vérités, même de l'enfer, parce qu'elles servent de levier dans les moments de lutte et de combat. Pour lui, il ajouta qu'il y pensait plus de vingt fois par jour, et que ce souvenir alimentait sa crainte et son amour. « Quand je pense, disait-il, que je pourrais être en enfer et que je n'y suis pas, je me fonds de reconnaissance. » Puis revenant à l'attrait dominant de son cœur, l'abandon et l'amour, il fit connaître le mot de Notre-Seigneur à son âme dans son oraison du matin : « Assujettis-toi à moi. »

Un jour, parlant aux enfants qui allaient partir en vacances, il leur dit avec une force inaccoutumée, et une instance qui frappa les Sœurs présentes : « Je ne veux pas aller en purgatoire. Je ferai tout ce qu'il faut pour n'y pas aller... mais je ne veux pas aller en purgatoire. » Pourtant l'instruction ne portait pas sur ce sujet, et l'abbé Bourbonne avait fait depuis longtemps le vœu héroïque en faveur des âmes du purgatoire.

Dans les conseils de direction on remarqua en lui plus de brièveté et une intuition profonde : quelques mots portaient coup.

Il préparait aussi les âmes à se passer de lui. Un an avant sa mort, il récapitula avec une pénitente les règles qu'il lui avait données depuis plusieurs années, et détermina toutes choses pour l'avenir comme si elle ne devait plus le revoir ; il lui enjoignit en outre de soumettre tout à son confesseur et de s'en tenir à ce qu'il dirait. Comme elle lui demandait s'il pressentait sa fin prochaine, il répondit : « J'ai le mouvement de faire ce que je fais. »

L'abbé Bourbonne apparut comme transformé à ceux qui le virent dans les derniers temps de sa vie. De toutes parts on recourut à lui. Les communautés et les associations firent de nouveaux appels à sa charité. Là où il n'exerçait plus, comme auparavant, un ministère régulier, il venait encore souvent et parlait avec une vigueur extraordinaire. Ses derniers entretiens ont laissé partout une vive impression. Des personnes de toutes conditions s'adressèrent à lui ; des œuvres multipliées remplacèrent bientôt celles qu'il avait laissées. Appartenant à quiconque voulait le prendre, il n'eut plus de loisir.

Que devint alors sa santé? On le devine aisément. On le surprit par hasard accablé, saisi d'une lassitude qui lui laissait à peine la force de se porter lui-même. Mais son courage le ramenait aussitôt à la tâche. Si on lui rappelait les conseils du médecin : « Oh ! c'est vrai, répondait-il tout joyeusement ; je comprends son reproche, et j'ai grand'peur de mourir dans l'impénitence finale. » Parfois il ajoutait gravement: « Vous ne comprenez pas ce que c'est qu'une âme sacerdotale; elle ne s'appartient plus ; elle se doit à tous ceux qui réclament son ministère. Ainsi jugez, j'ai pour pénitentes des personnes qui travaillent dans des ateliers, des magasins; elles ont une heure pour leur repas, elles la sacrifient pour venir me trouver, et vous voudriez que j'aie le triste courage de les renvoyer... Oh! jamais ! »

L'hiver de 1889-1890 se passa sans notable accident. Le printemps fut plus pénible : il y eut des malaises fréquents ; le teint était altéré, et la respiration difficile. L'abbé Bourbonne n'était plus soutenu que par l'énergie de son âme vaillante, ou plutôt par la grâce de Dieu. Il eût volontiers dit avec M. Boudon : « Il ne faut plus nous contenter de dire : Dieu seul ! il faut qu'il nous en coûte encore. Il faut tout souffrir, tout donner, tout abandonner, afin que Dieu règne en nous. Je souffre, il est vrai, et la nature pâtit, mais qui dit tout n'excepte rien. Et comment être uni à Notre-Seigneur sans souffrir, puisqu'il a toujours souffert pendant sa très sainte vie, et que c'est pour cela qu'il a été appelé l'Homme de douleurs (1) » ?

☩

Les chaleurs de l'été amenèrent parfois comme un retour de sa dernière maladie : « Oh ! disait-il, j'ai bien cru être repris comme l'an dernier ; mais, grâce à Dieu, je vais mieux ; cette semaine je vais me remonter. »

Vers la fin de juin, il se rendit à Bar, où il commença la série de ses dernières étapes. Une lettre de M. Ferlet, son cousin, nous dira ce que fut son séjour.

« Je le revis pour la dernière fois au mois de juin dernier. « Je suis très fatigué, ma chère cousine, écrivait-il à ma femme, et j'arriverai demain, par le train de minuit, me reposer dans votre bonne maison. » Le lendemain, j'étais à minuit à la gare, et je trouvais Ange très fatigué, très amaigri. A sa descente de

---

1. Vie de M. Boudon.

wagon, il me remit douze lettres qu'il avait écrites pendant son voyage, au crayon, à la lumière vacillante de son wagon, et qui toutes contenaient des conseils spirituels aux nombreuses personnes qui lui en demandaient. Il m'avoua qu'il les avait écrites, pour la plupart, debout pour mieux voir, et me demanda de les porter tout de suite à la boîte aux lettres. Comme je lui reprochais de se surmener ainsi, il me répondit : Nous ne sommes pas sur terre pour nous reposer, mais pour faire le plus de bien aux âmes pour l'amour de Dieu. Dès le lendemain, à sept heures et demie du matin, nous nous dirigions vers la chapelle Notre-Dame où il disait la messe à huit heures; messe que je servis, car on n'avait pas eu le temps de prévenir l'enfant de chœur. Au retour, il m'avoua que la trop grande fatigue ne lui avait pas permis de dormir, et cependant il voulait rentrer le soir à Paris. J'obtins de lui, (ma femme et Paul joignant leurs instances aux miennes) qu'il ne repartirait que le lendemain, mais ce fut tout. Le lendemain soir, il prenait le train de Paris, me disant : J'ai pu dormir cette nuit, je me suis reposé; il me faut maintenant mettre mes nouvelles forces au service des âmes. C'était à la fin de juin, et je ne le revis plus. En partant, il m'avait promis de revenir se retremper encore le mois suivant dans deux jours de repos, mais il ne revint pas. Sa correspondance très chargée, ajoutée à ses occupations de toute la journée, dût être pour lui la cause d'une grande fatigue. Il répondait à chaque lettre avec une exactitude scrupuleuse et, quand il était trop fatigué ou que le temps lui manquait, il répondait au crayon dans l'interligne de la lettre qu'on lui avait adressée... (1) »

Du 13 au 18 juillet, l'abbé Bourbonne s'absentait de nouveau.

Les derniers jours du mois et le commencement d'août, chargés de travail, le réduisirent à une fatigue extrême, son pauvre corps, soumis à un surmenage continuel, était usé, délabré : « Des troubles cardiaques ne laissaient plus aucun doute sur la profonde déchéance de l'organisme. Les médecins avaient en vain conseillé le repos à ce prêtre infatigable, qui ne s'arrêtait un moment que pour reprendre un nouvel élan. Aussi ses forces déclinaient, il était désormais à la merci d'un accident banal qui prendrait, sur un terrain

---

1. Lettre de M. Ferlet.

ainsi préparé, un caractère fatal de malignité (1). »

C'est dans cet état d'épuisement qu'il partit pour Moulins, la Salette, Annecy et Saint-Gervais, où on espérait que l'air pur et vivifiant des montagnes lui serait salutaire... Loin de là, cet air trop vif ne fit qu'augmenter son irritation de poitrine, et lui enleva tout sommeil.

Le 25 août, il était à Beaune, au couvent des Dominicaines, qui relatent ainsi son passage : « Peu de temps avant sa mort, nous avons eu la consolation de recevoir l'abbé Bourbonne pour la dernière fois, d'entendre deux fois sa messe dans notre petite chapelle. Durant la journée qu'il nous a donnée, on eût dit qu'il voulait épuiser pour nous tout ce qu'il avait dans le cœur de pieux enseignements. A la dernière récréation, il ne pouvait tarir, et, contrairement à ses habitudes si correctes, il dépassa l'heure.

« Durant ses deux derniers séjours, j'ai pu considérer ce bon Père sous un jour différent de celui sous lequel je le connaissais à Paris : car, toujours si pressé, il donnait à peine le

---

1. Docteur Calmette.

temps de dire le strict nécessaire, et se levant avec son air digne et imposant, on devait se retirer, non sans emporter un de ces mots de foi si expressifs, comme seuls les saints savent en dire. Mais ici il se livrait avec une simplicité d'enfant, il voulait tout ce qu'on voulait de lui, il recevait en particulier celles qui le désiraient, et il allait même au dehors où on l'envoyait. Au Carmel, il alla visiter notre Enfant Jésus miraculeux avec beaucoup de tendresse, puis il dit aux religieuses de demander pour lui la simplicité. Il semblait pourtant bien la posséder, agissant en tout, aux repas et ailleurs, très dignement, mais très simplement. Ainsi de temps en temps, il réclamait dix minutes de repos ou une demi-heure de sommeil, et tout cela avec un grand calme. Il devait se sentir la tête bien fatiguée, et il m'a paru assez vieilli.

« Personne n'a pu l'approcher sans ressentir cette impression de sainteté. Une de nos novices prétend n'avoir éprouvé cela que pour Dom Bosco et lui (1). »

A son retour, l'abbé Bourbonne avoua que les insomnies le gênaient bien. « A partir de

---

1. Mère Marie-Alphonse, maîtresse des novices.

une heure du matin, dit-il, je ne puis plus tenir dans le lit : les douleurs me forcent à me promener dans la chambre. » Sa respiration était faible, haletante; sa démarche lente, fatiguée et lourde. Ceux qui ne l'avaient pas vu depuis quelques semaines le trouvaient entièrement changé, vieilli. La parole l'épuisait, il ne pouvait marcher sans oppression et il sentait comme un vide se produire en lui-même.

Il ne put rester longtemps à Paris. Le 14 septembre il partait pour Rimont, où il devait passer deux jours auprès des familles Dubois et Bordeaux, pour, de là, se rendre à Paray. « Dieu lui réservait la consolation de faire une fois encore le pèlerinage et de représenter la Visitation de Paris aux fêtes du centenaire de la bienheureuse Marguerite-Marie (1). »

« Comme il s'y rendait, une Sœur lui dit : « Mon Père, je voudrais bien que vous puis- « siez me rapporter l'amour de Notre-Sei- « gneur. » Il répondit lentement et d'un accent pénétré : « O mon enfant, quelle grande chose ! Oh ! si je pouvais donner ma vie pour cela ! » Il se trouvait donc dans le sanctuaire avec les aumôniers des diverses Visitations, le ven-

---

1. M. l'abbé Caillebotte. *Sem. rel.*

dredi 19 septembre, et il eut la faveur de porter assez longtemps la bienheureuse Margue-guerite-Marie dans sa châsse splendide, pendant le parcours de la procession... Pendant ce temps il admirait intimement comment Dieu exalte les humbles, et comment cette pauvre petite religieuse qui n'avait cherché toute sa vie que l'abjection, le mépris, était portée maintenant en triomphe, sur les épaules des prêtres du Seigneur, et élevée au milieu des princes de son peuple. Pour lui, il entendit cette parole intime du divin Maître au fond de son cœur : « Te voilà donc tout à mes soins. »
« Il nous la redit au retour avec sa simple confiance paternelle, ajoutant : « La Bienheureuse « m'a dit que le cœur de Jésus me veut tout « à lui (1). »

De retour à Paris, l'abbé Bourbonne présida, le 28 septembre une cérémonie de profession. Le 3 octobre, jour de réunion mensuelle du Sacré-Cœur, il tint à faire lui-même le sermon, malgré une extrême fatigue, qu'il ne pouvait plus dissimuler ; pourtant un de ses amis avait accepté de le remplacer : « Il voudra bien remettre au mois prochain, » dit l'abbé. Pour

---

1. R. Mère Supérieure de la Visitation de Paris.

lui, il se sentait intérieurement pressé de parler. C'était la dernière fois qu'il allait le faire en l'honneur du Sacré-Cœur. Tout pénétré encore des saintes émotions de Paray, il le fit avec un zèle extraordinaire.

Le 5, il présidait la réunion des zélatrices.

Le 6, il allait à Evreux et pensait rentrer le soir même à Paris; mais il rencontra Mgr Coullié, venu comme lui visiter Mgr Hautin. L'évêque d'Orléans le pressa de lui accorder un jour. Une dépêche avertit la Visitation de ce retard imprévu. « L'occasion était si tentante que je n'ai pas su résister, » disait-il au retour (1).

Le 8, il célébra la messe du Saint-Esprit

---

1. « Pendant toutes ces années il m'a donné quelques jours à Orléans. Il revenait réveiller les souvenirs de notre vie commune et me parler des joies de l'abandon à la Providence, de l'amour mortifié répondant à l'amour de Notre-Seigneur. Dans toutes ces circonstances je voyais, pour ainsi dire, monter cette âme sacerdotale : *Ascensiones in corde suo*.

« Je le vis pour la dernière fois à Evreux, le jour où j'allai saluer, dans sa demeure épiscopale, Mgr Hautin, mon vicaire général. Il était là, providentiellement, partageant le repas fraternel qui nous était offert. Il revint avec nous à Paris et nous prenions jour pour sa visite à Orléans. Je l'attendais, ce bon et cher ami, lorsque je reçus la lettre de la Mère Supérieure qui m'annonçait la gravité de sa maladie, et quelques jours après sa mort. (Lettre de Mgr Coullié.)

pour la rentrée des enfants. Il leur adressa ensuite l'exhortation la plus pressante sur la nécessité de bien profiter du temps de leur éducation et sur les écueils qu'il fallait éviter. Il ajouta : Nous sommes là, mes enfants, avec le désir de ne pas laisser amoindrir les âmes, ni l'autorité qui les guide. Ce ne serait donc pas assez pour moi d'expier ces infidélités par des larmes et des pénitences. Je serais incapable de vous voir infidèles et je m'en irais. Le règlement n'est-il pas pour vous l'expression de la volonté de Dieu, et qu'avons-nous à faire sinon adorer, aimer et accomplir cette volonté trois fois sainte ? « La supérieure de la Visitation écrit à ce sujet : « La mère de deux
« de nos enfants, notre ancienne élève, qui
« avait assisté à cette instruction, en fut telle-
« ment pénétrée qu'elle bénissait le divin Maî-
« tre d'avoir confié à des mains si dignes la
« direction de ses filles. Mais c'était, à l'égard
« de toutes, le testament de ce vénérable
« aumônier, dont elles conserveront précieu-
« sement la mémoire (1). »

Enfin, le vendredi 10 octobre devait marquer la dernière étape. Après avoir confessé et tra-

---

1. R. Mère Supérieure du premier monastère.

vaillé toute la matinée, l'abbé Bourbonne va passer le reste de la journée à la campagne. Il fait une première station à Bourg-la-Reine, où il visite et console quelques malades; dans une seconde halte à Verrières, il se rend à la Sainte-Famille et de là chez des amis auprès desquels il doit terminer la journée. Il caresse les enfants et, comme l'un d'eux lui pose une question et l'écoute avec attention, il parle longuement. On le presse de se reposer : « Mais non, dit-il, ils m'écoutent, ils m'ont compris. »

Cédant aux instances qu'on lui fait, il va dire son bréviaire au jardin. Cette promenade à pas lents, à la fraîcheur du soir, le refroidit. Lorsqu'il rentre à la maison, il est souffrant; il ne peut prendre aucune nourriture; il sent une violente douleur derrière la tête, au cou et tout le long du dos. On le prie de se coucher : « Oh! non, impossible, répond-il, j'ai demain beaucoup à faire; je dois même commencer ma journée dès six heures du matin. » Malgré toutes les inquiétudes qu'on ressentait, il fallut le laisser partir.

Ces inquiétudes n'étaient, hélas! que trop bien fondées. L'abbé Bourbonne venait d'accomplir son dernier voyage.

Il nous reste à le suivre à ses derniers moments.

✠

Samedi 11. — Journée très laborieuse. A six heures du soir on surprend l'abbé Bourbonne dans son cabinet; il paraît bouleversé, en proie à une vive souffrance; peu après, cependant, il confesse encore trois personnes. Vers sept heures, saisi de crampes d'estomac il rentre chez lui difficilement... A huit heures il se dispose à sortir de nouveau, on insiste pour le retenir. « J'ai, répond-il, deux âmes à voir, elles m'attendent, je ne serai pas longtemps. » Quand il rentre, il peut à peine se porter et s'appuie à la muraille. — En s'approchant de son lit, il le regarde, joint les mains et reste ainsi quelques instants; l'expression de son visage semble dire qu'il va se coucher pour la dernière fois. — La nuit est mauvaise, pleine de tristes incidents; il veut se lever, se trouve mal et tombe sur le parquet.

Dimanche 12. — Dès le matin il fait prévenir à la Visitation qu'il lui est impossible de dire la sainte messe, il ne peut quitter le lit, ses douleurs augmentent; un docteur est appelé dans la journée, un autre le soir : les médicaments procurent un peu de calme, la nuit est meilleure.

Lundi 13. — L'abbé Bourbonne accueille ce moment de répit comme un commencement de guérison, il remercie le docteur qui vient dans la matinée et pense n'avoir plus besoin de ses conseils. Vers midi le mieux est réel et fait croire au pieux patient qu'il peut se lever. Cependant il frissonne; les vêtements d'hiver qu'il met, pour la première fois, ne suffisent pas à le réchauffer. Une personne vient le voir, il déclare se trouver mieux, mais il ajoute : « C'est peut-être bien un avertissement que me donne la Providence : le bon Dieu veut que je me retire... Après cette visite, il demeure anéanti, on le presse de se coucher, il sent lui-même le besoin de repos, mais consent seulement à s'étendre sur le canapé et demande une couverture... Un quart d'heure après, il sort en grelottant. Il tient à confesser quelques Sœurs en retraite; un billet, de sa main, va les prévenir de ce dessein et, sans leur laisser le temps de répondre, il arrive à la Visitation. La Mère Supérieure, désolée d'une semblable imprudence, lui exprime ses regrets : « Les âmes auraient pu souffrir de mon absence, » répond-il avec douceur. Après quelques instants de ministère, il écrit plusieurs lettres, reçoit le docteur, va encore dans un couvent du voisinage consoler une malade. Vers cinq heures, il rentre chez lui mortellement atteint. — Par un dernier acte de charité il reçoit pourtant une personne et la console.

Enfin, il se couche. La nuit est mauvaise : les douleurs sont aiguës, la fièvre ardente. Vers une heure, il est pris d'un hoquet violent : on veut lui faire prendre quelque chose pour l'arrêter, il refuse de rompre le jeûne, car il tient à offrir le saint sacrifice. Peu à peu le hoquet devient déchirant, une lutte s'engage, on le supplie au nom des âmes, au nom du bien qu'il peut faire... Des larmes lui viennent aux yeux : « Que la volonté de Dieu s'accomplisse ! » répond-il enfin ; il boit un peu ; le hoquet se calme momentanément, pour reparaître, hélas ! à trois heures, puis à quatre heures. Frappé de la persistance du mal, l'abbé Bourbonne répète à plusieurs reprises : « Est-ce que ce serait la fin ?... il faudra qu'il y ait une fin... est-ce qu'elle viendrait ainsi ?... » Puis il ajoute : « Que vous êtes bon de me faire souffrir... merci, mon Dieu ! — Soyez béni de tout... — Jésus a tant souffert... Il n'avait pas péché... Il faut aimer la souffrance !... »

Mardi 14. — Dès ce moment le vénéré malade juge sa situation très grave : à huit heures il fait chercher M. l'abbé Chaumont, pour lequel il a autant d'affection que d'estime. La journée extrêmement douloureuse pour le corps, n'est, pour l'âme, qu'un acte continuel de résignation, de soumission amoureuse et de reconnaissance. Chaque hoquet lui brise la poitrine et chacun est suivi d'un gracieux sourire. Les aspirations ne cessent pas, bien que ses paroles soient entrecoupées. « Merci mon Dieu!... — C'est dur, mais c'est bon... — Oh! oui, tout ce que vous voulez, bon Maître!... »

S'il y avait un court répit dans le hoquet, on s'en réjouissait autour du malade, mais trop vite il reprenait plus violent, plus précipité... Dieu réclamait de son serviteur un nouvel acte d'acquiescement et d'abandon. « Oh! je croyais que c'était fini, et cela recommence... Merci mon Dieu... — de votre main tout est bon... » Il avouait simplement la souffrance : « Ce pauvre estomac n'est plus qu'un vieux parchemin qui se déchire... je chante, sans le vouloir, toutes les notes de la gamme... »

On lui propose de prévenir M. Le Bas (1) de

1. Directeur de la Salpétrière.

sa maladie : « Oh! non, répond-il, pas tant de tapage autour de ce pauvre serviteur qui doit vivre ignoré de tous : d'ailleurs, ce cher ami viendra sûrement jeudi, il verra bien que je suis arrêté. — ... C'est le bromure qui m'a réduit à cet état, ajoute-t-il, je n'en prendrai plus... » — On lui demande s'il désire la visite de sa sœur, Mme Marie Emmanuel. « Non, pourquoi la tourmenter ? et cependant elle doit se demander pourquoi je ne vais pas la voir, elle m'attendait dimanche dernier : ce serait faire un acte de charité que d'aller la visiter de ma part; recommandez-moi à ses prières; dites-lui que je suis un peu souffrant, mais ne l'inquiétez pas : j'irai la voir dès que je serai mieux... »

La journée est mauvaise ; l'abbé Bourbonne souffre de la fièvre et d'une douleur au côté droit : on cherche en vain à combattre le hoquet; l'abbé Chaumont, qui se trouve là, recommande amicalement l'obéissance au malade, il accepte tout. Plein de reconnaissance pour les personnes qui l'entourent, il remonte constamment à Dieu, accepte, rend grâces, s'abandonne. Vers le soir on lui annonce la prochaine visite de sa sœur. « Oh! dit-il, ce sera le meilleur, elle apportera sa

science d'infirmière et son cœur si dévoué... »
La nuit est agitée... mais la pensée des
âmes le soutient : « Les âmes s'achètent... il
faut souffrir pour elles... » Le hoquet s'arrê-
tait-il un moment, il disait : « Le bon Jésus me
donne un peu de repos... merci !... je n'en pouvais plus... » La fièvre amène des accès de délire ; dans ce cas, il est occupé des âmes et continue ses exhortations.

Mercredi 15. — On lui demande comment
il se trouve. « Comme Dieu veut, répond-il. Il
pense aux fêtes de la Bienheureuse, qui se cé-
lèbrent : « Ce n'est pas ainsi que nous comp-
tions l'honorer, Dieu en a jugé autrement...
Nous sommes sûr de faire sa volonté en res-
tant sur l'oreiller... Mais il faut nous unir aux
prières et faire notre petite offrande. » Il demande alors qu'on aille acheter pour lui une
livre du meilleur encens, qui devra être partagé
entre la Visitation de Paris et celle de Bordeaux. « La bonne Mère attend notre visite,
la voilà bien compromise. » Ces efforts fatiguent le saint malade, on lui recommande le
silence. « Mais, répond-il, quand je ne parle
pas, je chante, il faut bien s'occuper... » Dans
l'espoir de le calmer, on lui propose de dire
le chapelet, il accepte ; à la seconde dizaine il

est forcé de s'arrêter. « Cela même, dit-il, fatigue ma pauvre tête. »

Dans sa visite quotidienne le docteur laisse voir ses craintes et demande une consultation ; elle est fixée au lendemain ; on le cache au malade par ménagement. Il est plus calme au commencement de la journée, mais plusieurs visites le fatiguent (rien n'avait encore été défendu à cet égard). Au reste, il conserve toute sa présence d'esprit, donne plusieurs décisions pour le catéchisme, la confession des enfants, la retraite de quelques jeunes filles ; il parle de la réimpression de l'*Esprit de Jésus*... tout cela accompagné de hoquets et de généreux : « Merci, mon Dieu !... » M. Bieil, directeur du séminaire de Saint-Sulpice, M. l'abbé Chaumont, viennent prendre de ses nouvelles : ils sortent édifiés de sa pieuse résignation. Le soir, seconde visite du docteur, constatation du même état ; il y a cependant quelques intermittences dans le hoquet. A dix heures visite du docteur Miquel, il rassure un peu le malade, mais il lui annonce la visite de sa sœur ; c'est lui affirmer la gravité de son état. La nuit ressemble au jour, elle appartient à la souffrance et à la prière.

Jeudi 16. — Vers le matin, état de calme

relatif. L'abbé Bourbonne peut parler, il parle de Dieu... de la foi... de la charité... de la confiance... de la prière... de la paix de l'âme se tenant en silence aux pieds de Notre-Seigneur et le laissant agir... Il ne tarit pas... A l'arrivée de sa sœur, Mme Marie Emmanuel, il y a comme une résurrection : la joie domine la souffrance et fait croire un moment qu'elle peut en triompher. Mme Marie Emmanuel met toute son affection à lutter contre le mal ; elle emploie divers moyens, arrête plusieurs fois le hoquet... soulagements momentanés !...

A quatre heures, consultation. Le docteur ... est désolé de la sortie du lundi. « Après la maladie à laquelle vous deviez succomber, il y a un an, dit-il, vous auriez dû prendre du repos ; mais vous êtes aumônier non seulement du premier monastère de Paris, mais de toutes les Visitations de France et de l'étranger. De beaucoup plus robustes n'en pourraient faire la moitié et vous, épuisé de forces, vous vous croyez tout possible. Permettez-moi de vous le dire, vous avez agi comme un insensé... il n'y a que les saints pour faire de semblables folies, car c'est bien comme saint que je vous connais... » Le malade avait écouté avec un grand calme, il promit d'obéir à tout. Excepté celles de quelques confrères, les visites sont interdites. Pendant la nuit, fièvre violente, délire : l'abbé Bourbonne parle, il chante, on reçonnaît un cantique de la Salette... puis viennent de touchantes exhortations...

Vendredi 17. — Moins de hoquet, par contre douleurs vives dans la tête et dans les entrailles ; les traits sont contractés, ils prennent une expression navrante. Malgré cela, c'est toujours la résignation et la reconnaissance. « Merci, mon Dieu !... Mais que c'est dur !... O Jésus, ayez pitié de moi... je n'en puis plus... c'est trop !... Mais non, la grâce est toujours proportionnée... souffrir pour le pécheur, c'est justice... oui, j'ai péché... pardon, mon Dieu... pitié !... » Ainsi se passe la journée. Vers trois heures, l'état s'aggrave : un moment il se trouve si mal qu'il dit : « C'est fini... adieu... je ne vois plus clair ! » Appelé, M. Bieil arrive aussitôt. Le malade, qui se sent déjà mieux, fait en sa présence le sacrifice de sa vie, déclarant qu'il ne veut que la volonté de Dieu pour la vie et pour la mort. On décide qu'il recevra la sainte communion le lendemain matin : par ménagement on ne prononce pas le mot de viatique.

La pensée de la communion comble l'abbé Bourbonne de bonheur; il parle des préparatifs qu'on devra faire pour recevoir Notre-Seigneur, son cœur déborde d'amour. « O Seigneur! non, je ne suis pas digne, mais votre miséricorde dépasse infiniment ma misère... Ayez pitié de moi, bon Maître!... je vous aime, je vous aime!... Comment! le Dieu du ciel va venir dans ma pauvre demeure... Zachée, réjouis-toi... prépare le festin... Oh! je ne suis pas digne... mais j'ai reçu la grâce... l'absolution m'a préparé... Oh! efficacité du sacrement! c'est admirable. Oh! divin secret de la puissance de Dieu!... La foi... l'espérance... la charité... Mais c'est le ciel déjà!... » Les reprises du hoquet n'arrêtaient pas les élans du malade, qui parlait de la louange éternelle des élus : *Sanctus, sanctus, sanctus!...* Oh! l'admirable concert!...

Quand le médecin vient faire sa seconde visite, il se hâte de lui dire : « Oh! docteur, j'ai une bonne nouvelle à vous annoncer, demain je ferai la sainte communion. — J'en suis content pour vous, reprend celui-ci, mais ce sera un Viatique. » L'abbé Bourbonne déclare qu'il pourra communier à jeun, puis se rend à l'ordre formel qui lui est donné.

Pendant la nuit, la fièvre, des sueurs abondantes, le hoquet qui revient trois ou quatre fois tourmentent le malade ; on lui présente un peu d'eau de Lourdes : « Oh ! que cette eau est bonne, pourquoi est-elle si bonne ?... » C'est de l'eau de la sainte Vierge, dit la Sœur qui le garde... Oh ! c'est ça, » répond-il. Comme il parle vivement, on l'exhorte au repos... C'est en vain... l'ardeur de la fièvre empêche le sommeil. Tout occupé de la communion, il crie miséricorde et fait des actes d'amour. « Amour ! amour !... oh ! que je t'aime !... mon Dieu, que c'est bon !... merci ! » Et encore : « C'est fini !... l'Esprit de Jésus dans ses mystères... oh oui, quels mystères... quels grands mystères !... »

Vers une heure du matin, il veut faire préparer la table et la nappe blanche qui doit la couvrir. « Mais ce n'est pas encore l'heure, » lui dit-on. Il voulait se lever à tout instant.

A six heures, M. l'abbé Le Beurier apporte le saint Viatique. Le malade, calme et tout radieux, suit les prières, se soulève pour recevoir son Dieu et, après avoir écouté les quelques paroles que lui adresse le prêtre avant de se retirer, reste abîmé dans l'action de grâces...

Vers huit heures et demie le hoquet reprend

une dernière fois, puis cesse pour faire place à un complet épuisement. L'abbé Bourbonne fait encore part de la joie qu'il a eue le matin : « J'ai eu le bonheur de faire la sainte communion!... ô amour!... amour!... » Peu après il n'a même plus la force de lever le bras pour bénir... A onze heures le médecin tente un suprême effort... A une heure, M. l'abbé Chaumont le trouve mal et recommande de le faire administrer au plus tôt... On informe M. Bieil. A trois heures on lui présente une boisson. Il s'assied sur son lit, mais ses bras sont tremblants, il faut l'aider... Soudain son regard prend une expression impossible à rendre : ses yeux regardent dans le lointain... la main se refroidit... Il dit encore : « La vie cachée... toute cachée... Adieu... Dieu soit loué!... Vive Jésus... vive Jésus!... appelez mon frère. »

A ce moment Mme Marie Emmanuel arrive et reçoit son dernier soupir...

Il était trois heures vingt. L'abbé Ange-Marie-Joseph Bourbonne venait de quitter la terre.

☩

Gloire à Dieu! La mort des justes est précieuse aux regards du Seigneur.

Ceux qui restent l'honorent aussi par leur soumission à recevoir ses décrets, par leurs suffrages pour le défunt, par les honneurs rendus à un corps qui a été le temple du Saint-Esprit.

Au pied du lit mortuaire, un frère et une sœur se trouvaient. Mme Marie Emmanuel récitait le *De profundis,* puis le *Magnificat* et le *Te Deum.* M. Bieil, qui vint ensuite, rappela aux assistants le devoir de la prière, tout en leur disant qu'ils avaient désormais un protecteur au ciel! Pendant toute la journée du dimanche, il y eut un pieux concours.

Ce fut un touchant spectacle à la Visitation. Si, pendant dix-huit ans, l'abbé Bourbonne s'y était dépensé sans mesure, il avait trouvé en échange le respect, la reconnaissance, toutes les délicatesses du dévouement : son zèle avait été compris et secondé. En toutes circonstances, mais surtout au temps de la maladie, que n'avaient pas fait les Sœurs pour manifester leurs sentiments (1)?

1. L'abbé Bourbonne a toujours été très sensible au

La triste nouvelle arriva au moment où elles chantaient l'office en l'honneur de la pureté de la très sainte Vierge. Cette fête avait été chère à leur aumônier. Le lundi 20, le corps du défunt fut apporté à la chapelle du monastère, vers une heure de l'après midi ; il y demeura jusqu'à l'heure des obsèques. Tandis que le prie-Dieu, la chaire et le confessionnal étaient voilés en signe de deuil, la psalmodie de l'office des morts était ininterrompue le jour et la nuit.

Le lendemain, une messe de *Requiem* fut célébrée avec solennité.

Le mardi 21 octobre 1890, une foule nombreuse composée de prêtres, de religieux et religieuses de toutes congrégations, ainsi que de pieux fidèles, se pressait dans la chapelle de la Visitation, puis dans l'église Saint-Jacques du Haut-Pas, pour rendre les derniers devoirs à celui qui venait de quitter ce monde. « Plus nombreuse encore eût été l'assistance

---

dévouement et aux prévenances dont il a été l'objet à la Visitation. Au nom de l'amitié j'en donne ici un témoignage public et je remercie les Sœurs, particulièrement la R. Mère Mathilde de Raincourt, Supérieure de la Visitation, rue Denfert-Rochereau, et la R. Mère Jeanne-Charlotte Millon, Supérieure de la Communauté de Bordeaux.

si la mort n'était venue trop vite et si tous ceux qui avaient connu l'abbé Bourbonne avaient pu être avertis (1). »

Que de regrets! que de larmes!

Combien avaient perdu un ami, un père! Au jugement de tous, l'aumônier de la Visitation avait été un homme de Dieu, un prêtre rare.

« Je l'ai beaucoup connu, dit un religieux : sa vie demeurera l'enseignement de ma vie. Puisse ma mort être assimilée à la sienne (2). »

« Je remercie Dieu d'avoir placé sur ma route une âme sacerdotale aussi forte par sa foi que tendre par son amour pour Notre-Seigneur et je supplie mon divin Maître de m'accorder participation à la grâce reçue par ce cœur si généreux et si fidèle (3). »

« L'abbé Bourbonne a occupé une grande place dans le monde de la piété (4). »

1. M. l'abbé Caillebotte. *S. Rel*.
2. R. P. Fressencourt, S. J.
3. S. G. Mgr l'Evêque d'Orléans.
4. S. E. Mgr le Cardinal Archevêque de Paris.

Ange-Marie-Joseph Bourbonne

Ange de pureté, il effleura la terre où il ne connut que Dieu et les âmes.

Epris de l'Eternelle Beauté, affamé de justice, il épousa la sagesse et chercha passionnément les trésors du ciel.

Apôtre infatigable, étranger au repos, il se donna sans mesure et jusqu'au dernier soupir.

Prêtre et victime, père tendre et dévoué, maître éclairé et fort, modèle d'abnégation et de courage, ami de la croix, éminent directeur des âmes ;

Il voulut se soustraire aux regards des hommes, il ne se connut pas lui-même.

Son nom est béni partout où il a passé, surtout au premier monastère de la Visitation, qui eut la grâce de le posséder pendant les dix-huit dernières années de sa vie.

Sa mémoire sera chère à tous, prêtres et fidèles, qui ont vu ses exemples et reçu ses leçons.

H. S.

A la Providence

O divine Providence! vous donnez la pâture aux petits des oiseaux ; mais que vous êtes secourable aux enfants des hommes! Vous donnez à tous les moyens nécessaires, aux chrétiens l'abondance de vos grâces ; vous êtes prodigue pour vos justes, miraculeuse pour ceux qui s'abandonnent à vos soins. En écrivant la vie d'un de vos serviteurs, j'ai raconté vos merveilles. Daignez agréer l'humble hommage d'un cœur qui vous bénit et vous adore !

TABLE

Préface V

PREMIÈRE PARTIE
LA FORMATION. — 1834-1872

CHAPITRE PREMIER
PASSY. — LUXEUIL 1834-1849

Naissance	1
Première enfance	4
Le Petit Séminaire de Luxeuil	7

CHAPITRE II
HEUREUX PRONOSTICS. — 1850-1851

Les conférences de l'abbé Boisson	12
Retraites de 1850	16
Piété filiale	22

CHAPITRE III
LE COUP DE LA GRACE. — 1852

Retraite 1852	28
Ses résultats : transformation	36
Succès dans les études	38
Besoin d'apostolat	41

CHAPITRE IV
LA FORMATION. — 1852-1857

Issy, 1852-1854	45
Saint-Sulpice, 1854-1857	46
Prêtrise, 19 décembre 1857	59

CHAPITRE V

A LA GARDE DE LA PROVIDENCE. — 1858

Passage à Sainte-Marguerite.	64
Mort de Mme Bourbonne	66
Maladie	67
Convalescence au château de Digoine	68
Séjour dans sa famille de Musy	69
Rencontre de M. l'abbé Devoucoux, vicaire général d'Autun	71

CHAPITRE VI

NOVICIAT DU MINISTÈRE. — 1858-1864

L'abbé Bourbonne appelé à Évreux	72
Séjour à l'Évêché.	73
Il est nommé aumônier du Carmel de Gravigny	73
Son ministère	74
Sa vie, ses vertus, ses occupations pendant ce temps.	77
Causes de son départ	83

CHAPITRE VII

MINISTÈRE A SAINT-EUSTACHE. — 1864-1872

Ministère : œuvres, instructions, confession, dévouement universel	88
Saint-Eustache pendant la Commune.	92
Courageux ministère	93
Épreuves	95
Emploi de vicaire-sacristain	96
L'abbé Bourbonne perd un œil	97
Vertiges.	97
Accidents pénibles	98
Nécessité de son départ	98

DEUXIÈME PARTIE

MINISTÈRE A LA VISITATION. — 1872-1881

CHAPITRE PREMIER

ENTRÉE A LA VISITATION. — 1872

Retraites : à Irreville 1868, — à la Salette, 1869, — rue de Sèvres, 1871.	102
Rencontre du R. P. Bieuville, qui fait connaître l'abbé Bourbonne à la Visitation.	104
On le demande comme aumônier	106
Luttes.	107
Démarches de l'abbé Simon.	108
Instances des Sœurs	109
L'abbé Bourbonne est nommé.	110

CHAPITRE II

LES DÉBUTS

Le premier monastère de la Visitation à Paris	113
Joie de l'abbé Bourbonne.	116
Il étudie les choses de la Visitation.	118
L'abbé Bourbonne à l'autel.	120
Sa religion.	122

CHAPITRE III

ANNÉES 1873-1874-1875

Année 1873 : Manifestation à Paray-le-Monial.	126
L'abbé Bourbonne y prend part.	127
Retraite à Gagny.	127
Triduum de réparation, 15, 16 et 17 octobre	129
Année 1874 : Développement spirituel.	130
Retraite à Vaugirard.	130
Résolution de s'interdire tout regard inutile	134
Année 1875 : Consécration au Sacré-Cœur demandée par Pie IX.	135

Concours à la chapelle de la Visitation. 136
Premier vendredi du mois et garde d'honneur . . . 137
Mois du Sacré-Cœur 137
Apostolat de l'abbé Bourbonne : son amour pour les âmes. 138
Retraite à Vaugirard 138

CHAPITRE IV
LA PRÉDICATION

Prédication de l'abbé Bourbonne 141
Qualités de sa parole. 142
Elle fut pieuse, simple, efficace 142

CHAPITRE V
LA DIRECTION

Éminente direction de l'abbé Bourbonne. 157
Il portait les âmes au détachement 158
Il portait les âmes à marcher selon leur voie 164
Il portait les âmes à s'unir à Dieu. 167
Sa charité dans l'exercice de ce ministère. 173

CHAPITRE VI
ANNÉE 1876

Fondation de Moulins. 180
L'abbé Bourbonne y prend part 181
Ses relations avec la communauté naissante. 183
Retraite à Vaugirard. 186

CHAPITRE VII
DÉVOUEMENT A LA VISITATION. — 1877-1881

Fondation de Bordeaux, 1877 196
Dévouement de l'abbé Bourbonne aux Sœurs. . . . 200
Dévouement de l'abbé Bourbonne aux Supérieures . 201
Dévouement de l'abbé Bourbonne à la communauté. 203
Dévouement de l'abbé Bourbonne à l'Institut 204

CHAPITRE VIII
MINISTÈRE AU PENSIONNAT

Catéchismes 206
Direction. 209
Dévouement paternel. 211

CHAPITRE IX
EXHORTATIONS AUX ENFANTS DU PENSIONNAT

Prière 215
Don de l'âme à Dieu 217
Union à Jésus-Christ 218
Mortification 219
Pureté du cœur 223
Pensées détachées. 225

TROISIÈME PARTIE
CONSOMMATION. — DERNIÈRE PÉRIODE
1881-1890

CHAPITRE PREMIER
MORTIFICATION. — ABANDON

Comment l'abbé Bourbonne fut mené à une mortification rigoureuse. 235
Dévotion à la sainte Vierge. 236
Dévotion au Sacré-Cœur 239
Lutte contre lui-même 241
Retraite de 1881 243
Pénitences 250
Il se livre entièrement à la conduite de Dieu . . 253
Unité dans sa vie spirituelle 256

CHAPITRE II
ZÈLE DÉVORANT

Œuvres diverses 259
Pèlerinages 264
Vacances transformées en missions 274

CHAPITRE III
LES PUBLICATIONS

Ce qui inspira à l'abbé Bourbonne la pensée d'écrire.	287
Son programme	289
Petites Fleurs	292
Publications diverses	293
Apostolat	297
Bien produit	298
Approbations	299

CHAPITRE IV
ANNÉE 1889

Maladie	302
Convalescence	305
Séjour au château du Montois	306
Reprise du ministère	311

CHAPITRE V
LA FIN. — 1890

Dernier ministère	316
Dernières étapes	320
Derniers moments	330

Paris. — J. Mersch, imp. 22, Pl. Denfert-Rochereau.

VIC & AMAT, Libraires-Éditeurs, 11, rue Cassette, PARIS

OUVRAGES DE M. L'ABBÉ BOURBONNE

PETITES FLEURS

ou Extraits de la doctrine des Saints et des Auteurs approuvés

Contribuer à répandre la bonne odeur de Jésus-Christ, tel est l'objet de cette humble publication.

Ces *Fleurs* sont offertes aux personnes qui aspirent à la perfection, comme à celles qui seraient moins avancées dans la vie intérieure.

Les Directeurs des âmes, les Supérieurs de communautés, etc., trouveront dans le choix varié des sujets, que leur sagesse pourra approprier aux différents besoins des âmes, un moyen de plus d'accentuer et d'étendre leurs avis et leurs encouragements.

Les **Petites Fleurs** paraissent en feuilles détachées de 4 pages in-3½, portant chacune un numéro d'ordre ; trente numéros forment une série ; six séries ont déjà paru.

Chaque série se vend en feuilles et en brochure.

Prix : En feuilles . . . . . le cent, **1 fr.** » , *franco*, **1 fr. 20**
Une série en brochure. — **0 fr. 60**, — **0 fr 70**

LE SECRET DE LA SAINTETÉ

d'après saint François de Sales et le P. Crasset.

Deuxième édition. — Un très joli volume in-18.

L'exemplaire broché. . . . . **3 fr.**
— relié toile souple, tranche rouge . . **4 fr.**
— — basane anglaise, tr. rouge. . . **5 fr.**

Ce recueil est divisé en trois parties :

1° La sanctification des actions ; 2° La vie intérieure ; 3° L'union avec Dieu par la contemplation.

L'ESPRIT DE JÉSUS DANS SES MYSTÈRES

d'après les Saints et les Auteurs approuvés.

Deuxième édition.

beau vol. dont le genre est conforme au *Secret de la Sainteté* comme format et comme impression.

L'exemplaire broché . . . . **3 fr.**
— relié toile souple, tranche rouge . . **4 fr.**
— — basane anglaise, tr. rouge. . . **5 fr.**

DESACIDIFIE
A SABLÉ - 2009

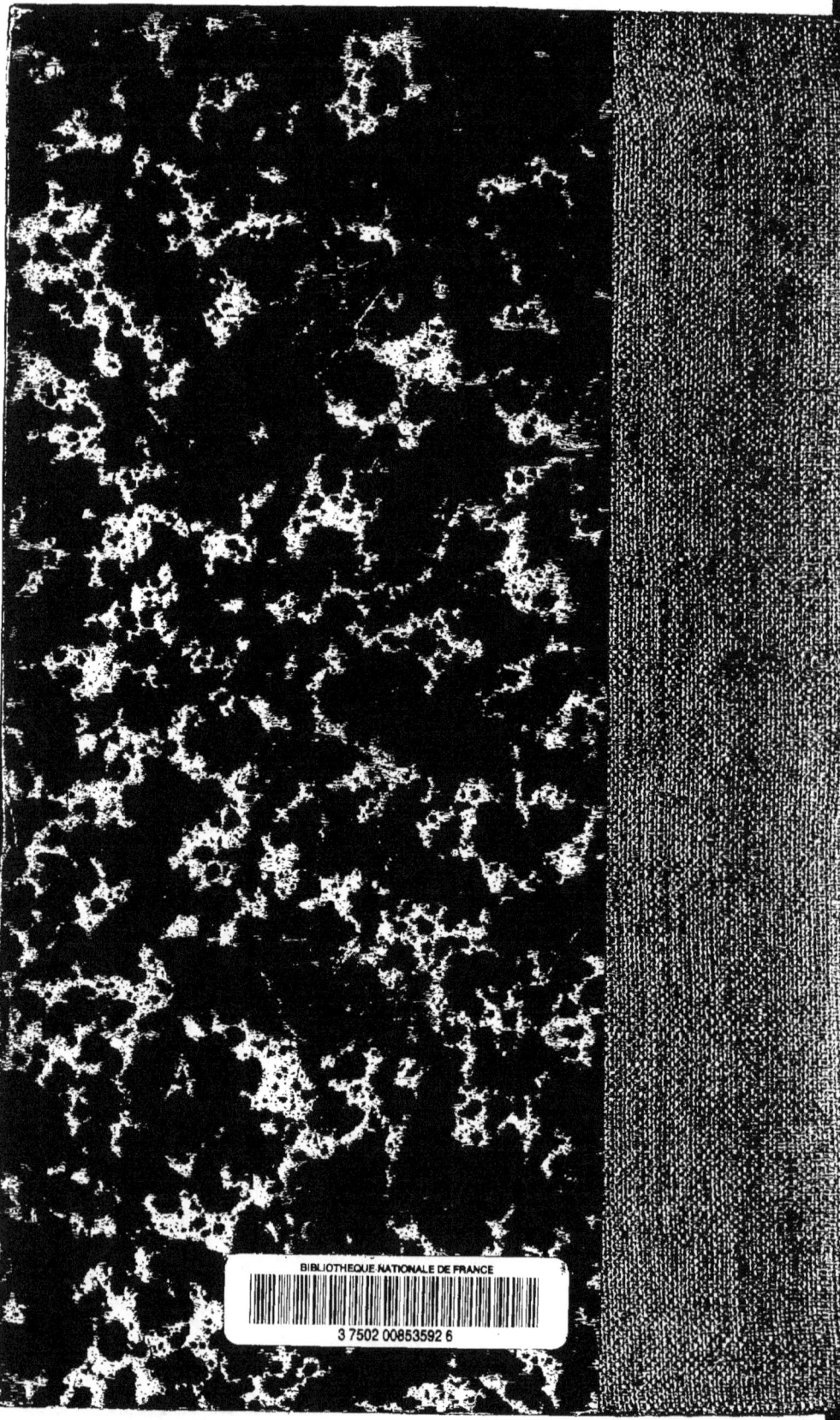

www.ingramcontent.com/pod-product-compliance
Lightning Source LLC
Chambersburg PA
CBHW050546170426
43201CB00011B/1582